감정시계

몸의 리듬이 감정을 만든다

감정시계

강도형 지음

FEEL CLOCK

추천의 글

1986년 겨울, 처음 LA에 갔다. 눈 부신 햇살과 묘한 외로움이 교차하는 그 시간 속에서 생각을 내려놓고, 눈을 감고, 존 레논의 노래 'Across the Universe'를 떠올렸다. 결국 사랑이 가장 아름답다는 고백에 다다르는 여정은 내게 감정과 시간이 어떻게 얽혀 있는지를 보여주었다. 그곳에서 우연히 초등학교 동창을 만나 함께 거리를 걷던 기억도 있다. 기쁨과 놀라움이 순식간에 스치는 그 순간, 감정이 시간을 흔들고, 시간이 다시 감정을 빚어내는 과정을 온몸으로 느꼈다.

　세월이 흘러 만난 강도형 박사는 이런 감정과 시간의 결을 누구보다 깊이 이해하는 사람이었다. 그는 어려움 속에서도 웃음을 잃지 않고, 우주와 인간을 함께 사유하며 삶의 리듬을 새롭게 보여준다. 그는 내게 어린시절의 친구가 날려준 종이비행기 같은, 내가 나를 온전하게 드러낼 수 있게 해주는 존재다. 그래서 나는 그의 책《감정시계》를 주저 없이 추천한다. 이 책은 우리가 어떻게 시간을 살고, 감정을 응시하며, 사랑과 삶을 버텨내야 하는지를 담아낸

안내서다. 존 레논의 노래가 내게 길을 밝혀주었듯, 이 책은 많은 이들에게 새로운 비상구이자 해방의 빛이 되어줄 것이다.

전인권 (밴드 '들국화' 보컬)

오늘날 명상과 마음챙김이 본래의 윤리적 가르침과 분리되어, 개인의 스트레스 해소 기술 정도로만 소비되는 세태에 대한 우려가 깊다. 이러한 때에 강도형 박사의 《감정시계》는 수행의 근본으로 우리를 이끄는 귀한 지침서가 된다.

    이 책은 '감정'이라는 마음의 작용이 몸이라는 토대를 떠나 존재하지 않으며, 수많은 조건이 얽혀 일어나는 '연기緣起의 산물'임을 과학의 언어로 명쾌히 보여준다. 이는 몸과 마음이 둘이 아니라는 '신심불이身心不二'의 가르침과 다르지 않다.

    자신의 고통이 나약함 때문이 아니라 구체적인 몸의 조건에서 비롯됨을 이해하는 것은, 스스로를 향한 자비심의 시작이다. 그리고 이 자비심이야말로 타인의 고통을 보듬는 연민의 뿌리가 된다. 이 책은 단순한 자기계발서를 넘어, 나를 이롭게 하는 공부가 곧 타인을 이롭게 하는 '자리이타自利利他'의 실천으로 나아가는 튼튼한 주춧돌을 놓아준다. 지혜와 자비의 삶을 향한 길을 밝혀주는 이 책을 모든 불자와 시민들에게 기쁜 마음으로 추천한다.

명진스님 (《스님, 어떤 게 잘 사는 겁니까》 저자, 전 봉은사 주지스님)

법의학자인 나는 종종 생명을 다 잃은 사람의 몸에서 삶의 흔적을 되짚는다. 그런데 이 책은 살아 있는 우리 안에서도 그 흔적을 섬세하게 읽어내는 법을 알려준다. 이 책은 감정을 다정하고도 과학적으로 해석하는 책이다. 감정은 뇌에서 시작된 것이 아니라, 몸 전체의 리듬에서 비롯된다고 말한다. 장이, 심장이, 척추가, 심지어 피부가 감정을 예고한다는 설명은 낯설지만 놀랍도록 설득력이 있다.

이 책은 단지 지식을 전하기만 하지 않는다. 하루 동안 지친 마음을 이해하게 해주는 책이며, 스스로를 따뜻한 마음으로 마주할 수 있게 돕는 책이다. 감정이 삶을 흔들기 전에, 삶이 감정을 초대할 수 있도록 도와주는 사려 깊은 기술을 전한다. 의학의 언어로, 명상의 깊이로, 그리고 몸의 지혜로 써내려간 이 책이 더 많은 이들에게 감정시계를 되돌려주기를 바란다. 나 또한 감정의 시간대를 조용히 들여다보게 되었고 이렇게 말하고 싶어졌다. 이 책이 무너진 마음의 작은 조각들을 다시 붙잡아줄 수도 있겠다고.

유성호(《나는 매주 시체를 보러 간다》 저자, 서울대 법의학교실 교수)

나이를 먹을수록 감정을 조절하는 일이 삶의 핵심 중 하나라는 생각을 하게 된다. 그러나 정작 내가 느끼는 기쁨과 슬픔, 분노와 환희가 어디서부터 오는지 깊이 들여다본 적은 많지 않다. 이 책은 우리가 겪는 복잡하고 미묘한 감정이 어디에서 비롯되는지를, 친절하고 세심한 주치의가 곁에서 진료하듯 차근차근 짚어주며 이해를 돕는다. 우리는 평소 사회의 구성원으로서 타인을 배려하고 그들의 말과 행동을 이해하려 애쓰지만, 정작 삶에서 가장 오래 함께할 사람인 '나'에 대해서는 소홀했다. 나를 알아가는 과정이야말로 삶을 더 잘 살아가기 위한 든든한 출발점이 아닐까.

사회가 점점 각박해지고 메말라간다고 느껴지는 요즘, 자기 자신에게 집중하고 감정의 리듬을 이해한다면 다음 삶의 단계는 훨씬 가볍고 수월해질 것이라 믿는다. 그런 의미에서 이 책은 단순한 의학적 지식 전달을 넘어, 강도형 박사가 오랜 시간 연구하고 경험한 내용이 고스란히 담겨 있다. 이 책을 통해 모두가 자기 자신을 더 깊이 이해하고, 감정을 건강하게 다루며 더 나은 하루하루를 살아가게 되길 바란다.

김대호 (MBC 아나운서)

이 책은 감정의 본질을 '뇌'라는 한정된 공간에서 해방해 우리 '몸' 전체의 리듬으로 재해석하는 혁신적인 관점을 제시한다. 동료 정신건강의학과 의사로서, 나는 이 책이 감정 문제로 고통받는 현대인들에게 새로운 희망이 될 것이라 확신한다.

강도형 박사는 20년이 넘는 풍부한 임상 경험과 깊이 있는 연구를 바탕으로, 감정이 단순한 심리적 현상이 아니라 장, 심장, 피부, 척추 등 열 가지 신체 태엽이 맞물려 돌아가는 정교한 감정시계의 결과물임을 설득력 있게 풀어낸다. 저자가 만성통증과 감정의 상관 관계에 대한 연구로 밝혀낸 세계 최초의 학술적 성과들은 책의 깊이를 더한다.

독창적인 개념을 통해 감정의 리듬을 이해하고, '고통적금'과 같은 참신한 루틴, 그리고 명상을 통해 감정을 조율할 수 있도록 안내하는 이 책은, 감정의 주도권을 되찾고자 하는 모든 이들에게 귀한 선물이 될 것이다. 독자들이 자신만의 감정시계를 건강하게 작동시켜, 온전히 살아갈 힘을 얻기를 기원한다.

김진선(《제로육아》 저자, 정신건강의학과 전문의)

위대한 작가 헤르만 헤세는 〈책〉이라는 시에서 "이 세상의 어떠한 책도 그대에게 행복을 가져다주지 않는다. 그러나 책은 은밀히 그대를 깨우쳐 그대 자신 속으로 되돌아가게 한다."라고 적었다. 문명과 인간의 실존적 위기를 맞이한 시대에, 이 책은 우리 자신의 존재를 되돌아보게 만든다.

요즘 과학기술 정책 분야의 최대 화두는 인류사에 가장 충격적인 과학적 발견이라 일컬어지는 AI 기술의 눈부신 발전 속도다. 수십 년 안에 인간의 지능 수준 총합을 AI의 지능이 뛰어넘는 특이점이 현실로 다가올 것으로 예측된다. 인간은 상대적으로 무엇을 더 잘할 수 있는지 무엇을 해야 하는지 실존적 질문을 되뇌는 요즘, 이성지능에 대비되는 감성지능의 핵심적 개념들을 주제로 한 이 책이 너무나 반갑고 귀하다. 다양한 분야에서의 융복합 연구 경험을 바탕으로 집필된 이 책은 단순한 현상을 설명하는 이론서가 아니라 실행 가능한 실천서로써 많은 사람에게 유용하겠다.

이 책은 감정을 이해하고 관리하는 데 생체리듬이 중요함을 일깨워주고, 이를 위한 감정시계의 열 가지 태엽과, 명상이라는 구체적인 행동요법을 제시한다. 일차적으로 불면이나 우울증과 같은 정서적 감기를 치료하려는 사람들과 그 가족들에게, 더 나아가 AI와 차별화되는 자신의 감성지능을 개발하려는 모든 이들에게 필독을 권한다. 무엇보다도 오랜 기간 정서적 아픔을 겪어온 많은 이들에게 정신의학 치료로 희망을 건네온 강도형 박사에게 감사드린다.

김성수 (과학기술정보통신부 기초원천연구정책관)

현준, 그리고 유은에게

"보이는 것은 보이지 않는 것의 드러남이며,
보이지 않는 것은 보이는 것의 깊이다."
_ 모리스 메를로-퐁티 | Maurice Merleau-Ponty

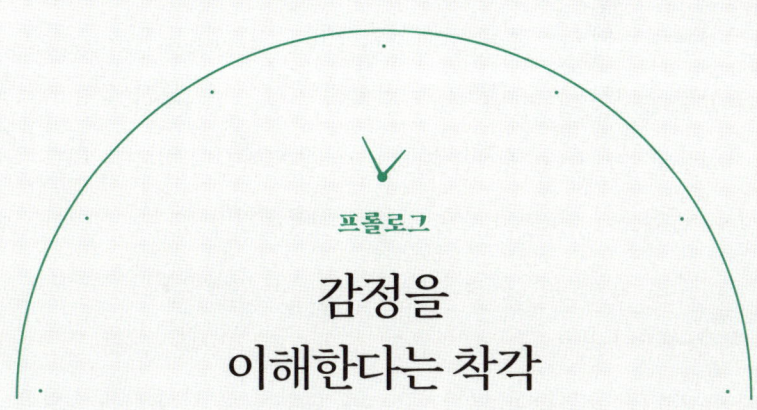

프롤로그

감정을
이해한다는 착각

아침에 눈뜰 때부터 기분이 가라앉은 적 있는가? 창밖에 비가 오는 것도 아니고 큰 스트레스를 받은 기억도 없다. 충분히 잠도 잤다. 그런데 몸은 무겁고 가슴은 먹먹하다. 별일 아닌 일에도 짜증이 인다. 이유 없는 감정, 근거 없는 기분을 흘려보낸다. 그런 날이 며칠, 몇 주씩 이어지면 정신건강의학과를 찾는다.

"별일은 없었는데요, 그냥 아침부터 우울했어요." "기분이 꺼지는 건 어쩔 수 없잖아요." 내 진료실에 온 사람들은 조심스럽게 말한다. 감정은 어차피 설명할 수 없는 것, 마음이란 애초에 잡히지 않는 안개 같은 것이라고 여긴다. 감정은 주관적이고 정신은 객관적이라는 관념에 사로잡혀 있다. 하지만 나는 20년이 넘는 시간 동안 임상 현장에서 셀 수 없이 많은 환자의 감정을 진료하며 전혀 다른 사실을 목격해왔다. 감정은 허공에 뜬 것이 아니다. 뚜렷한 리듬을 가지고 있으며 생리적인 구조 속에서 반복해서 발생하는 것이다.

나는 그 구조와 리듬을 하나의 시계로 상상해보라고 제안한다. 감정은 우리의 몸, 뇌, 마음이 시간을 따라 반복적으로 생산해내는 생리적 출력값이다. 감정은 마치 매일 같은 시간에 배가 고파지고 졸음이 밀려오듯 우리 안에서 특정한 감정의 시간대를 따라 발생한다. '감정의 생체시계'라 불러도 좋겠지만 나는 그보다 감각적이고 실용적인 단어를 택했다. 필클락 FEELCLOCK, 즉 감정시계다. 우리가 매일 경험하는 감정은 시곗바늘이 움직이듯 패턴을 보이며 돌아간다.

이 개념에 도달하기까지는 오랜 시간이 걸렸다. 나는 서울대학교 의과대학 학부 시절부터 정신과에 관심이 많았다. 해부학 실습을 하면서도, 기라성 같은 스승들의 강의를 들으면서도, 언제나 사람의 마음은 어디에 있는지 묻곤 했다. 정말 뇌가 마음의 본령일까? 뇌는 전기신호의 집합과 화학적 물질의 흐름으로 작동하는데 그게 감정을 설명해주는가? 가령 아침마다 기분이 나빠지는 환자에게 '세로토닌 농도가 낮아서 그렇다'는 설명이 충분한가? 나는 그 단선적인 모델에 오래 불만을 품고 있었다.

서울대학교 교수가 된 이후에도 뇌만으로 인간의 사고, 감정, 행동을 설명하는 데 큰 한계를 느꼈다. 그렇게 찾아낸 돌파구는 '몸'이었다. 이후 명상과 만성통증 연구를 통해 몸-뇌-마음의 관계와 이로 인한 증상에 대한 나름의 결론에 도달하게 되었다. 또 20~30년 전까지만 해도 세간에서 근거 없는 엄살을 부린다고 치부하던 복합부위증후군을 임상연구했다. 그러면서 이 희귀난치병이 고통뿐 아니라 불안, 우울, 불면, 트라우마, 자살사고 및 인지기능장애를 동반한다는 사실을 알고 내 가설에 확신을 얻게 되었다. 연구가 깊어져 정신과에서는 유일하게 통증 관련 교과서를 집필했고, 운이 좋게도 선구적인 논문에 수여하는 대한통증학회 우수논문상을 받기도 했다. 복합부위통증증후군 환자의 감정과 사고 문제에 대해서는 20여 편 가까운 논문을 국제학술지에 발표했다. 정신과 의사로서는 국내에서 최초로 통증을 연구했다고 해도 과언이 아니다.

2010년 미국 통증학회 공식 학술지인 《통증학술지 The Journal of Pain》에는 세계 최초로 복합부위통증증후군 환자가 타인의 감정을 제대로 인식하지 못한다는 사실을 밝혔다. 신체 통증이 오래되면 공감 능력까지 훼손된다는 사실은 당시에 놀라운 발견이었다. 몸과 마음은 분리되어 있지 않다는 것을 통증 연구를 통해 증명한 것이다. 이후에도 통증이 마음에 미치는 영향을 지속해서 연구하고 교육했으며, 최근에는 국제학술지인 《완화 의학 연보 Annals of Palliative Medicine》에 정신과 의사로는 세계 최초로 만성통증이 어떻게 사회인지나 공감 능력에 장애를 일으키는지를 탐구하는 전문가 평론 Editorial Commentary을 기고했다.

몸-뇌-마음을 통합적으로 임상연구하면서 현장에서 가장 크게 느낀 것은 감정의 시간성이었다. 내담자들의 우울은 대개 하루 중 특정 시간대에 집중되어 있었다. 아침 기상 직후, 오후 3시경, 밤 11시 무렵. 패턴은 다르지만 리듬은 분명했다. 공황장애 환자들은 대개 이른 오후에 증상이 심해졌고 우울증 환자들은 아침이 가장 괴롭다고 했다. 강박 증세는 잠자리에 들 무렵 기승을 부렸고 불안은 퇴근 직후의 텅 빈 시간대에 자주 출몰했다. 나는 그 시간대를 일일이 기록하며 그들이 무엇을 먹었는지, 언제 잠들었는지, 소화 상태가 어땠는지, 햇빛을 얼마나 쐬었는지 확인하기 시작했다. 그러다 놀라운 사실을 발견했다. 감정이 스트레스나 사건의 결과가 아니라 신체 리듬의 파동이 만들어낸 산출물이라는 점이다.

한 내담자는 늘 오전 10시가 되면 불안이 극에 달한다고 했다. 상담을 거듭하면서 밝혀진 사실은, 이 내담자가 아침 식사를 거르고 진한 커피만 마신 뒤, 컴퓨터 앞에 앉아 꼼짝하지 않고 일한다는 점이었다. 그녀는 대체 왜 늘 10시쯤이면 불안해지는 건지 의문을 품었다. 나는 그 시간대에 혈당 감소, 카페인 잔존량, 코르티솔의 자연스러운 변화, 이 세 가지가 겹치며 불안을 증폭시킨다고 설명했다. 정신의 문제가 아니었다. 몸의 리듬이 만든 감정의 굴곡이었다.

나는 '정신'과를 찾은 환자의 '몸'을 진료하기 시작했다. 위, 장, 심박수, 체온, 호흡, 근육 긴장도, 수면 호르몬, 심지어 척추의 상태까지. 우리는 언젠가부터 마음을 뇌 안에 가두고, 감정을 뇌의 작동만으로 설명할 수 있다고 인식하기 시작했다. 하지만 나는 오히려 몸이라는 태엽이 돌면서 감정이라는 시계가 작동한다고 본다. 이 시계가 누구나 가지고 있는 패턴을 따라 작동한다면 이는 감정을 측정하고, 관리하고, 조율할 근거가 된다.

이에 대한 연구 주제로 나는 '통증', '몸과 마음의 연결'과 더불어 '명상'에 주목했다. 명상이 대체요법 정도로 취급될 때부터 그 가능성을 일찍이 발견하고 몸과 마음에 미치는 영향에 대해 뇌과학적 연구를 수행했고, 그 성취를 환자들의 치료에 적용했다. 정신병리적 증상에 대한 다양한 치유 프로그램에 명상 기법을 접목하여 그 효과들을 검증했으며, 유수 학술지에도 몇 차례 그 결과를 발표했다.

지난 10년간 한국고유명상에 대한 열세 편의 논문을 국제학술지에 출판하면서 느낀 자부심은 아직도 잊을 수 없다. 특히 '마음챙김에 근거한 스트레스 완화 프로그램 Mindfulness-Based Stress Reduction, MBSR'의 창시자 존 카밧진 Jon Kabat-Zinn 박사가 창간에 큰 역할을 한 명상 관련 최고 국제학술지 《마인드풀니스 Mindfulness》에 섬엽의 상태가 명상을 통해 어떻게 바뀌는지 세계 최초로 보고한 건 큰 영광이었다. 대학병원을 떠난 뒤에는 더 다양한 임상 경험을 쌓으면서 2025년에 '사용자의 감정 정보를 제공하는 방법 및 장치'를 발명하여 특허를 출원했고, 국제 특허도 준비 중이다. 또한 꾸준히 여러 강연을 통해 명상의 대중화에 앞장서고 있다.

명상은 마음을 통제하는 전술이 아니다. 몸의 리듬을 인식하는 법이다. 명상은 감정을 억제하거나 없애지 않는다. 대신 감정의 파동이 어디서부터 시작되었는지 느낄 수 있게 한다. 명상이 효과적인 이유는 마음을 단련할 수 있어서가 아니라 호흡과 체온, 맥박과 자세 같은 몸의 흐름을 조율하기 때문이다. 명상은 감정시계를 초기화하거나 리셋하는 루틴인 셈이다.

이 책도 감정의 비밀을 밝혀내겠다는 대단한 약속을 하지 않을 것이다. 감정은 신비한 것도, 통제 불가능한 것도 아니다. 하지만 분명 감정은 리듬이다. 그리고 그 리듬은 우리 몸 전체에 걸쳐 있는 생체적 시계의 조율 상태를 반영한다. 만약 우리가 이 감정의 리듬을 알아차릴 수 있다면 이유 없는 감정과 근거 없는 기분에 풍부한 감정의 언어를 부여할 수 있을 것이다. 우리는 감정의 일정표를 짜듯 감정의 흐름을 디자인할 수 있게 된다.

감정시계를 작동시키는 열 가지 태엽

감정시계는 단순한 시적 은유가 아니다. 감정이라는 생리적 입력과 작동이 만들어내는 시간표다. 이 시계를 움직이는 것은 몸 곳곳에 흩어져 있는 열 개의 '태엽'이다. 지난 임상 경험과 뇌-신체 생리학을 바탕으로 열 개의 태엽을 설정했다. 이 태엽들은 감정이라는 시간을 산출하는 감각기관이자 조율 시스템이다. 비서처럼 하루를 설계하고 기록하는 무형의 도구다.

첫 번째 태엽은 장 gut 이다. 장과 뇌는 신경세포를 통해 양방향으로 연결되어 있다. 장에서 생성되는 신경전달물질은 감정 반응에 직접 관여한다. 실제로 세로토닌의 대부분은 장에서 만들어진다. 장내 미생물의 조성, 식사의 리듬, 장벽의 염증 반응은 우리가 느끼는 우울과 불안, 무기력의 기반을 형성한다. 장은 소화기관이면서 감정의 생화학적 엔진이기도 하다.

두 번째는 심장 heart 이다. 우리는 감정이 심장과 연결되어 있다고 은연중에 의식한다. 화가 나면 심장이 뛴다고 말하고 두려우면 가슴이 내려앉는다고 느낀다. 심박의 변동성은 실제로 정서 안정성과 깊은 관련을 맺는다. 심장박동의 유연한 정도를 측정하는 심박변이도 heart rate variability 는 자율신경계의 균형도를 가늠하는 지표로 쓰인다. 감정의 유연성은 심박의 유연성에서 비롯된다. 이 리듬이 경직되면 정서도 그 흐름을 잃는다.

세 번째는 피부 skin다. 피부는 외부 세계와 내부 감각이 맞닿는 가장 넓은 감각기관이다. 살결이 느끼는 기온과 계절은 기분에 영향을 준다. 누군가의 손길 하나로 감정이 무너지거나 회복된다. 감정의 언어가 표정을 타고 흐르는 것처럼 감정의 신호는 피부를 통해 외부로 배출되고, 또 받아들여진다. 차가운 바람, 미세한 햇빛, 눅눅한 습도 하나에도 기분이 변한다. 이는 피부를 통한 감각 입력의 작용이다.

네 번째는 송과체 pineal gland다. 뇌 안의 이 작은 내분비기관은 멜라토닌 분비를 담당한다. 멜라토닌은 수면 호르몬이라는 별명으로 알려져 있지만 보다 정확히는 생체주기를 조율하는 리듬 조절자다. 햇빛에 노출된 시간, 조도의 강도, 수면 개시 시각 등은 모두 송과체의 작동에 영향을 준다. 이 리듬이 흐트러지면 감정의 안정성도 붕괴된다. 계절성 우울, 교대근무자 불안, 수면 박탈로 인한 기분장애는 모두 송과체의 리듬 붕괴에서 비롯된다. 감정은 빛의 시간과 맞물려 흐른다.

다섯 번째는 척추 vertebra다. 척추는 단순히 몸통 지지대 역할만 하지 않는다. 척추는 감각신경의 통로이자 정서신호의 기저회로다. 감각 정보는 척수를 통해 뇌간으로 전달되고 이 흐름은 곧장 뇌의 정서 처리 회로를 자극한다. 허리를 굽힌 채 하루를 보내면 감정도 수축한다. 목의 긴장이 심해지면 두통과 함께 불안이 동반된다. 고개를 들고 어깨를 펴는 것만으로도 교감신경계의 긴장이 완화되고 감정의 파장은 달라진다. 감정은 몸의 모양으로부터 발생한다.

여섯 번째는 편도체 amygdala다. 두려움, 경계, 공포, 과잉반응 등은 뇌의 이 부위에서 시작된다. 편도는 생존 본능과 연결된 감정 반응의 허브다. 외부 자극을 빠르게 평가해 위험 여부를 판단한다. 이 기능이 지나치게 활성화되면 우리는 작은 자극에도 과도하게 반응하게 된다. 감정이 늘 곤두서 있는 상태가 된다. 불안과 긴장이 병적으로 높은 상태일 때 편도의 반응성이 비정상적으로 증가해 있다. 편도는 공포의 스위치이면서 안정의 경계선이다.

일곱 번째는 해마 hippocampus다. 해마는 기억을 저장하는 장소로 잘 알려져 있지만 감정에도 핵심적이다. 해마는 편도와 밀접하게 연결되어 있으며, 감정에 맥락을 부여하는 역할을 한다. 가령 화가 날 때는 과거에 화가 났던 상황이 먼저 머리에 떠오른다. 해마는 기억해뒀던 그 상황을 현재 자극과 연결해 반응을 결정한다. 해마가 제 기능을 하지 못하면 감정은 맥락을 잃고 무작위로 출몰한다. 트라우마가 반복적으로 재생되는 이유도 여기에 있다.

여덟 번째는 생식선 gonad이다. 성호르몬은 기분, 자존감, 추진력, 안정감에 직간접적인 영향을 미친다. 특히 여성의 경우 생리 주기에 따라 감정 리듬이 크게 변하는데, 이는 호르몬 파형의 구조적 흐름으로 인해 벌어진다. 남성 역시 테스토스테론 수치의 변동에 따라 기분의 탄력성이 달라진다. 감정은 성적 에너지와 완전히 분리되지 않는다. 에너지의 리듬, 성적 동기의 파동은 감정 리듬에 은밀하게 얽혀 있다.

아홉 번째는 뇌간 brainstem이다. 뇌간은 생명 유지에 관여하는 뇌의 가장 원초적인 구조다. 호흡, 심장박동, 혈압 조절, 각성 등을 담당하며, 이 요소들이 만드는 몸의 리듬이 감정의 바탕을 이룬다. 뇌간은 감정의 색조를 만들진 않지만 감정을 발생시키는 기본 배경을 제공한다. 뇌간의 리듬이 흔들리면 우리는 극심한 탈진 상태에 빠지거나 지나친 각성으로 공황에 가까운 반응을 보이게 된다.

열 번째는 섬엽 insular cortex이다. 섬엽은 우리가 스스로를 감각하는 부위다. 내 몸이 지금 어떤 상태인지, 심장이 얼마나 뛰고 있는지, 호흡이 가쁜지, 속이 메스꺼운지 등의 모든 자각은 섬엽을 통해 처리된다. 감정을 느끼기 전에 섬엽이 감지하는 몸의 상태가 이후 느껴지는 감정의 질감을 만든다. 섬엽은 감정의 내부화된 거울이다. 감정이 느껴지는 상태가 되게 하는 통로다.

이 열 개의 태엽은 독립적으로 움직이지 않는다. 정밀한 시계의 톱니처럼 맞물려 돌아간다. 장의 상태가 송과체의 작동에 영향을 미치고, 척추의 긴장이 심장의 리듬을 바꾸며 해마의 기억이 편도의 공포회로를 자극한다. 이 때문에 감정의 원인은 하나의 사건이나 생각으로 환원할 수 없다.

감정이 정돈되고 있어요

이 책은 열 개의 태엽이 만들어내는 감정의 리듬에 관한 책이다. 감정을 없애거나 바꾸는 법이 아니라, 감정이라는 시계가 어떻게 움직이고 있는지를 이해하고 조율하는 단서를 얻을 수 있는 책이다. 감정을 이해한다는 것은 곧 나를 이해하는 일이다. 나의 시간표, 나의 리듬, 나의 신호를 감지하는 행위다. 그 감각은 매일의 루틴, 생활 리듬, 신체 감각, 자기 인식이라는 실천을 통해 키워진다.

태엽을 돌리지 않으면 시계는 멈춘다. 시계가 멈추면 시간을 잃는다. 감정시계도 마찬가지다. 우리 안의 열 가지 태엽은 매일의 습관, 리듬, 감각 자극에 따라 감정의 방향과 속도를 결정한다. 문제는 대부분이 이 태엽을 관리하지 않고, 그 존재조차 알지 못한 채 살아간다는 것이다.

태엽은 실재하지만 보이지 않는다. 그래서 이 책이 제안하는 관점은 '루틴은 가시화된 감정 태엽'이라는 명제다. 루틴은 감정을 설계하는 시간표다. 감정은 스스로 정돈되지 않는다. 어떤 감정은 너무 일찍 도착하고, 어떤 감정은 너무 늦게 밀려온다. 어떤 감정은 느껴야 할 때 자취를 감추고, 어떤 감정은 떠나야 할 때 남아 있다. 감정에 시차가 생기면 삶이 균형을 잃는다. 루틴은 이 시차를 좁힐 수 있다. 루틴의 리듬은 태엽에 에너지를 공급한다. 예컨대 매일 아침 같은 시간에 일어나 햇빛을 쐬고 물을 마신다면, 그 순간 송과체와 뇌간, 장-뇌축에 동시에 신호가 입력된다. 몸은 지금부터 하루가 시작된다며 감정의 각성 상태를 준비한다. 감정시계가 정각을 가리킨다. 곧 아침은 감정으로 충만한 시간이 된다.

    진료실에서 수없이 반복된 장면이 떠오른다. 불면증을 호소하는 환자들 중 많은 이들이 같은 말로 대화를 시작했다. "밤에 너무 생각이 많아져요." 하지만 그 생각은 거의 예외 없이 밤 11시 이후, 어두운 방 안, 미지근한 공기, 무거운 복부 압박과 함께 등장했다. 이는 생각이 아니라 신체의 조건이 유발한 감정의 구조다. 이 감정의 내용보다 형식이 중요하다. 무엇을 고민했는지가 아니라 어떤 조건 아래서 그 감정이 발생했는지가 핵심이다.

    그렇다면 감정을 어떻게 스케줄로 다룰 수 있을까? 이 책에서 제시하는 방식은 단순하다. 하루의 24시간을 감정으로 읽어보는 것이다. 말하자면 다음과 같은 접근이다.

- 기상 후 30분 이내, 몸과 장은 어떤 반응을 보이는가?
- 점심 직전, 배고픔과 집중력 저하 사이에서 감정은 어떻게 요동치는가?

- 오후 3시경, 뇌간과 심박의 리듬이 떨어질 때 어떤 기분이 나를 지배하는가?
- 해가 지는 시점, 호르몬이 전환될 때 감정의 파동은 어떻게 바뀌는가?
- 취침 전 2시간, 척추의 긴장도와 편도의 반응성은 어떤 상태인가?

이런 질문에 따라 나의 하루를 재구성해보는 것이 루틴의 첫 걸음이다. 오후 3시에 무기력한 기분이 반복된다면, 그 시간대에 감정을 보정하는 리듬을 배치할 수 있다. 가벼운 스트레칭, 따뜻한 햇빛, 명상 한 세트, 산책이나 수분 보충 등을 통해 감정 보정 행위를 정례화하는 것이다. 이 책은 어떤 감정도 제거하려고 하지 않는다. 오히려 감정을 예측 가능하게 만들려 한다. 예측할 수 있다면 준비할 수 있고, 감정이 더는 내 삶의 지배자가 되지 않게 할 수 있다. 감정이 삶을 흔들지 않고 삶이 감정을 초대하는 구도가 형성된다. 루틴은 감정에 초대장을 보내는 행위다.

한 청년 내담자가 있었다. 그는 기한 없는 취업준비 때문에 자취방에 틀어박혀 온라인 강의만 들으며 하루를 보내고 있었다. 우울감이 점점 심해졌고 자존감이 무너졌으며 이유 없는 분노가 반복됐다. 그는 정신력이 약해졌다고 표현했지만, 나는 감정시계 태엽이 불균형하게 돌아가고 있다고 보았다. 이 청년의 하루에는 시간표가 없었다. 기상 시간, 식사 시간, 햇빛 노출, 운동, 사회적 자극, 감각 자극 등 모든 것이 무규칙 상태였다. 이는 곧 열 개의 감정 태엽이 동시에 고장 난 상태를 뜻했다.

나는 그에게 하루 열 개의 루틴을 설정해보자고 제안했다. 장을 깨우는 따뜻한 물 한 잔, 심박을 깨우는 3분간의 호흡 운동, 피부에 자극을 주는 찬물 세안, 송과체를 위한 햇빛 노출, 척추를 정렬시키는 스트레칭, 해마를 위한 음악, 편도를 안정시키는 향기 자극, 생식선 자각을 위한 간단한 체온 체크, 뇌간을 깨우는 짧은 걷기, 그리고 마지막으로 섬엽을 위한 호흡 명상. 처음엔 우습게 느껴졌다고 한다. 하지만 몇 주 뒤, 그는 말했다. "감정이 무작위로 튀어나오지 않아요. 뭔가 정돈되고 있어요." 그 말이 정확했다. 감정은 줄어들거나 사라지지 않는다. 다만 그는 그 감정이 언제쯤 올지, 어떤 방식으로 반응할지, 어떤 자극이 감정을 낳았는지 알게 된 것이다. 감정이 예측 가능한 범위로 들어오자 하루도 다시 삶의 시간으로 복귀했다.

많은 사람들은 감정을 바꾸기 위해 사고방식을 바꾸고, 자기계발서를 펼치고, 긍정적 사고를 주문처럼 읊는다. 하지만 그건 감정의 상층 구조에만 영향을 준다. 감정은 머리가 아닌 리듬이 바꾸는 것이다.

명상은 정신을 다스리는 수행이 아니다

감정을 관리한다는 말은 어쩐지 너무 거창하게 들릴 수도 있다. 감정은 원래 제어되지 않는다. 때론 통제하려 할수록 더 격해진다. 감정은 억누를수록 뒤틀리고 밀어낼수록 깊어진다. 그래서 감정시계가 지향하는 것은 통제가 아니다. 감정시계는 감정을 듣는 도구다. 정확히 말하면 감정이 오기 전의 미세한 진동을 감지하고 그것의 리듬을 조율하는 감각이다.

그 감각을 기르는 방법 중 가장 강력하면서도 근본적인 도구가 바로 명상이다. 우리는 명상을 정신적인 행위로 오해하고 살아왔다. '생각을 비우는 것', '무념무상의 상태에 도달하는 것', 혹은 '잡념을 없애는 집중 훈련' 따위로 생각한다. 하지만 현장을 겪어온 바 내 생각은 다르다. 명상은 마음을 다루는 기술이 아니라 몸의 미세한 리듬을 감지하는 기술이다. 루틴은 감정을 조율한다. 하지만 조율하려면 먼저 감정을 몸으로부터 감지해야 한다. 이 감정감각을 훈련하는 기술이 바로 명상이다.

그 감정이 오기 전에 몸에는 이미 어떤 파장이 지나간다. 심박이 아주 조금 빨라진다든가, 배 속이 텅 빈 느낌을 준다든가, 이마가 당긴다든가, 손끝에 열감이 몰린다든가. 명상은 바로 그 순간을 되돌린다. 감정이 도착하기 직전, 감정을 예고하는 리듬을 듣는 훈련이다. 나는 명상을 '감정시계 청음훈련'이라고도 부른다. 예컨대 불안이 올라오는 순간, 우리는 보통 생각을 바꾸려 애쓴다. "이건 괜찮은 거야." "이것 때문에 망하진 않아." 그런데 불안은 발현하기 전에 몸 어딘가에서 기척을 만든다. 호흡이 가빠지고, 입이 마르고, 가슴이 답답해지며, 목이 조여온다. 명상은 그 기척에 머무는 행위다. 감정을 만드는 몸의 리듬에 접속하는 것이다.

나는 명상을 누구나 훈련할 수 있는 기술로 간주한다. 생득적인 소질이나 철학적 사유의 깊이와는 무관하다. 실제로도 내가 만난 가장 빠르게 회복되는 환자들은 명상 기술을 익힌 사람들이었다. 하루에 단 5분이라도 눈을 감고 앉아 몸속에서 어떤 진동이 퍼지고 있는지를 들여다보았다. 그들은 자신이 왜 화가 났는지 따져보는 대신 자신이 지금 어떤 몸과 마음의 리듬에 휩싸여 있는지를 관찰했다. 감정을 이해하려 들면 논쟁에 빠진다. 이 감정은 맞는 감정인가, 나는 과민한가, 이건 나 때문인가 상대 때문인가? 하지만 감정을 감각하려 하면 논쟁은 줄어들고 파동이 보인다. 이 감정은 어디서 시작되었는지, 지금 어느 부위가 긴장되어 있는지, 어떤 기억과 연결되어 있는지, 어떤 감각을 낳고 있는지. 명상은 감정을 머리에서 내려 몸으로 되돌리는 과정이다.

이런 명상의 진정한 효능은 '통합적 자각'이다. 열 개의 태엽이 서로 맞물려 돌아간다는 걸 단순히 이론으로 아는 대신 실제로 몸 안에서 그 연결을 느끼는 것이다. 예를 들어 우리가 해가 질 무렵 기분이 우울해진다고 하자. 이전 같으면 해가 지니 우울하다고만 느꼈을 것이다. 하지만 감정시계 읽는 법을 훈련한 사람은 햇빛 부족으로 인한 송과체의 변화를 떠올린다. 멜라토닌이 조기 분비되며 떨어지는 체온, 장의 리듬이 늦어지면서 낮아지는 혈당을 느낄 것이다. 동시에 척추가 굽고 어깨가 말리고 호흡이 얕아지는 변화까지 감각할 수 있다. 그때 우울감을 외롭다거나 무기력하다는 표현으로 포장하기 전에 감정의 시간적·신체적 근원을 따라가게 된다. 그리면 우울감을 방지하기 위해 무슨 행동을 해야 할지 선택지가 생긴다. 감정의 강에 휩쓸리는 대신 그 흐름을 관찰하는 태도에서 비롯된 힘이다.

    이 책에는 명상을 기반으로, 각 태엽마다 달리 설계된 루틴이 소개될 것이다. 어떤 루틴은 피부를 위한 것이고 어떤 루틴은 척추나 해마, 또는 편도를 위한 것이다. 각기 다른 시간대에 다른 감정을 중심으로 짠 루틴이다. 감정시계는 감정을 몸의 언어로 번역한다. 감정을 해석하지 않고 그저 감지하는 것이다. 감각에 휩쓸리는 대신 감각을 기다리는 것이다. 나는 이 태도야말로 현대인의 생존 전략이라고 믿는다. 정보는 넘치고 자극은 계속되고, 감정은 끊임없이 폭주한다. 우리는 멈춰야 한다. 하루 단 한 번이라도 감정시계의 바늘이 어디를 가리키고 있는지를 들여다봐야 한다.

차례

프롤로그 감정을 이해한다는 착각 · 12

우울은 장에서 시작된다 · 33

심장의 리듬이 마음을 불안하게 할 때 · 55

피부관리와 감정관리의 관계 · 71

송과체, 하룻밤 사이 마음을 정돈하는 기관 · 87

척추를 세운다는 것의 철학 · 105

6장

편도체, 우리 안의 야생 · 125

7장

해마가 외로움을 기억하는 방식 · 145

8장

감정노동이 생식에 미치는 영향 · 165

9장

뇌간은 쾌락과 우울 사이에서 시간을 지운다 · 185

10장

나라는 존재를 묻는다면, 섬엽을 보라 · 205

에필로그 감정과 함께 사는 법 · 220
부록 감정시계 1달 연습지 · 228
참고문헌 · 238

FEEL CLOCK

1장

우울은 장에서 시작된다

"선생님, 어떻게 하면 마음이 좀 편해질까요?" 정신건강의학과 진료실에서 내가 가장 자주 듣는 말이다. 불안, 불면, 우울, 무기력, 폭식, 공황, 집중력 장애. 이른바 마음의 병으로 분류되는 문제들이 사람들을 정신과로 이끈다. 그리고 이들 중 상당수는 이미 자신에 대한 꽤 많은 정보를 가지고 진료실을 찾는다. 인터넷, 책, 유튜브, 과거의 상담 경험을 통해 나름의 진단을 내려놓은 상태다.

    그들이 밝히는 원인은 대체로 다섯 가지로 수렴된다. 첫째, 오래된 트라우마나 상처. 둘째, 고치기 어려운 성격적 결함. 셋째, 가까운 사람과의 갈등이나 이별. 넷째, 경제적 압박. 다섯째, 의지력 부족. 이 다섯 가지는 얼핏 모두 일리가 있다. 실제로 환자들에게는 자신의 고통을 설명할 수 있는 가장 진지한 언어다. 하지만 나는 이 지점에서 방향을 살짝 틀어본다. "환자분, 장腸은 괜찮으세요?" 이렇게 묻는 순간, 많은 이들이 멈칫한다. 어떤 사람은 의아하다는 듯 나를 바라보고, 어떤 사람은 한의사냐며 비아냥대기도 한다. 마음이 힘들어 찾아왔는데 장 상태를 묻는 건 전혀 예상하지 못한 흐름이기 때문이다.

하지만 내 진료 경험상 마음의 문제로 병원을 찾는 사람들 중 상당수가 장 기능에 문제를 안고 있다. 더 정확히 말하면 장이 보내는 신호를 제때 인식하지 못한 채 무시하고 살아온 경우가 많다. 그들에게 나는 다시 조심스럽게 되묻는다. "방금 말씀하신 다섯 가지 원인, 사실 예전부터 계속 있었던 거 아닌가요? 그런데 왜 지금 이 시점에 버티기 어려워진 걸까요?" 트라우마는 수년 전 일이었고, 성격은 수십 년간 그대로였으며, 경제 문제도 갑자기 악화된 건 아니었다. 그런데도 그동안은 잘 버텨냈다. 그렇다면 지금 고통을 폭발시킨 방아쇠는 따로 있을 수 있다. 마음을 해석하는 것도 중요하지만 치료적 관점에서 먼저 찾아야 할 것은 지금 당장 개입 가능한 시스템이다. 그게 바로 장이다.

트라우마도, 성격도, 관계도, 경제 문제도 우리가 직접 통제하기 어렵거나 오랜 시간이 걸린다. 설령 해결할 수 있다 해도 비일상적인 노력과 지속적인 환경 변화가 뒷받침되어야 한다. 반면 장은 지금 이 순간부터 우리가 조율할 수 있는 영역이다. 변화가 빠르고 반응도 비교적 명확하게 나타난다. 몸이 재료라면 뇌는 요리사 고 마음은 그 요리사가 만들어낸 요리다. 요리가 탈이 났다면 원인은 요리사에게 있을 수도, 재료에 있을 수도 있다. 이 둘 사이의 시스템이 어긋나 있을 가능성도 있다. 결국 우리가 해야 할 일은 요리 전체를 다시 설계하는 일, 즉 몸-뇌-마음이라는 시스템을 재정비하는 것이다.

그 시스템이 감정시계다. 우리의 감정은 마치 정교한 톱니와 태엽으로 연결된 시계처럼 작동한다. 감정은 뇌에서만 생기지 않는다. 뇌는 몸 전체의 상태를 스캔하며 감정을 조율한다. 그리고 감정을 구성하는 가장 첫 번째 부품, 가장 아래에서부터 시작되는 태엽은 장이다.

나는 반신반의하는 환자에게 증상의 정도에 따라 약을 쓰되, 한 가지 루틴을 병행하자고 권한다. 이름하여 DH(도형) 루틴. 오랜 임상 경험을 통해 설계한 이 루틴은 아침, 점심, 저녁 각 시간대에 짧은 실천을 배치해 몸의 균형을 되찾는 것을 목표로 한다.

오전에는 햇빛 보기부터 시작한다. 단 3~5분이면 충분하다. 이 짧은 햇빛 노출이 뇌의 일주기 리듬을 리셋하고 스트레스 호르몬인 코르티솔의 분비 타이밍을 바로잡아준다. 이어서 찬물 샤워로

뇌와 마음에 대한 요리사와 요리의 비유

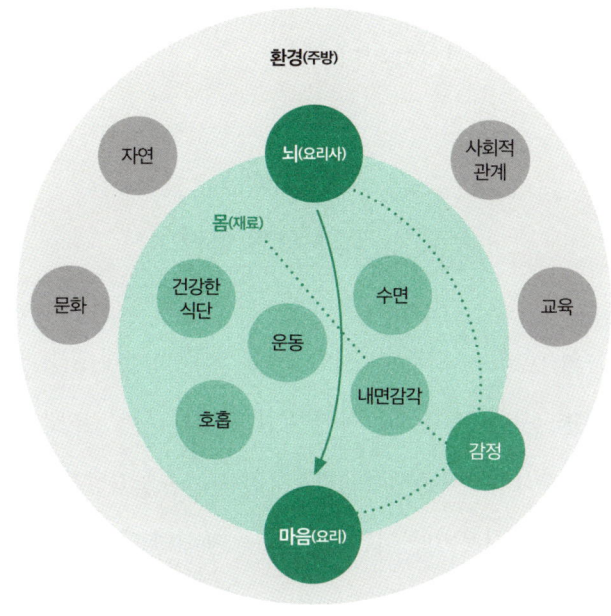

교감신경을 자극하고, 1~2분간 명상으로 감각을 깨운다. 마지막으로 아랫배를 300회 두드려 장을 자극하면 오전 루틴이 완성된다.

오후에는 고관절 스트레칭과 반신욕을 배치한다. 고관절은 온몸의 긴장이 집약되는 곳이다. 이 부위를 풀어주는 것만으로도 신경계가 한층 안정된다. 반신욕은 체온을 올리는 동시에 부교감신경을 자극해 몸 전체에 '쉰다'는 신호를 전달해준다. 이 루틴은 증상의 즉각적인 호전을 노리지 않는다. 대신 몸이라는 재료를 조금씩 신선한 상태로 되돌린다. 루틴을 충실히 따르는 환자일수록 약물에 대한 의존도가 현저히 낮아진다.

무너진 장과 뇌의 협력

장과 마음의 관계는 생각보다 훨씬 깊다. "호랑이에게 물려가도 정신만 차리면 산다."고 할 때 '정신'이란 도대체 무엇일까? 우리가 말하는 마음은 어디에 존재하는가? 사전은 마음을 "생각, 의식, 감정, 의지"라고 정의하지만 이는 결국 몸을 제외한 인간의 나머지를 몽땅 묶어놓은 추상어에 가깝다. 고대 그리스에서 마음은 '카르디아 καρδία', 즉 심장이었다. 플라톤은 마음의 자리를 뇌라 했고, 아리스토텔레스는 심장이라 보았다. 지금의 관점에서 보면 다소 유치하게 들릴 수 있지만 이는 우리가 뇌 중심적 사고에 익숙해졌기 때문일 뿐이다. 히포크라테스도 뇌를 지목했지만, 한의학은 여전히 심장을 정신이 깃드는 신의 자리로 간주한다. 초기 불교에서도 마음의 자리는 특정 기관보다 감각과 대상의 상호작용 속에서 발생한다고 본다.

현대 신경과학은 이 싸움에서 뇌의 손을 들어준다. 마음은 뇌의 기능이라거나 감정은 뇌에서 연산되는 정보 처리의 결과라는 설명이 주류다. 우울증 역시 뇌의 화학적 불균형에서 비롯된다고 진단되고, 항우울제는 그 화학 조절을 통해 균형을 맞추는 약물로 통한다. 하지만 현실은 그렇게 단순하지 않다. UC버클리의 철학자이자 신경과학자인 알바 노에Alva Noë는 이런 설명에 반기를 든다. 그는 마음이란 우리 안에서 일어나는 것이 아니라 우리가 만들어 내는 삶의 방식이라고 주장한다. 마음은 정적인 구조가 아니라 특정한 몸과 환경 속에서 반복적으로 생성되는 행동의 패턴이다. 그는 《뇌과학의 함정》에서 지난 십수 년간의 뇌 연구가 인간의 마음에 대해 실질적으로 밝혀낸 것이 거의 없다고 단언한다. "신경 용어만으로 마음을 해명하려는 것은 마치 엔진 구조만 가지고 도로 위를 달리는 자동차를 설명하려는 것과 같다." 그는 뇌중심주의를 통렬하게 비판한다.

실제로 전체 우울증 환자의 절반 이상은 원인을 알 수 없는 신체 증상을 동반하며, 항우울제로 효과를 보지 못하는 환자 비율도 30%를 넘는다. 뇌만으로 설명되지 않는 무언가가 있다는 것이다. 여기서 우리가 주목해야 할 것이 바로 몸이다. 마음은 뇌의 부산물일 수 있다. 그러나 그것은 몸이라는 콘텍스트 안에서만 성립한다. 살아 있는 몸, 온전한 관계, 생리적 안정성, 이 모든 조건이 어우러져야 마음은 현상으로 떠오를 수 있다. 심장이 멈추면 삶도 멈춘다.

뇌가 아무리 잘 작동한다 해도 몸이 꺼져 있다면 마음은 어디에도 깃들 수 없다.

마음과 몸은 별개의 것이 아니다. 가장 대표적인 증거는 플라시보(위약) 효과다. 약효 성분이 전혀 없는 가짜약을 먹고도 병세가 호전되는 현상, 그 놀라운 변화는 오직 믿음에서 비롯된다. 더 놀라운 건 환자에게 이것이 위약임을 미리 알려줘도 유사한 호전이 나타난다는 사실이다. 반대로 무해한 약이나 시술을 해롭다고 믿기만 해도 실제로 통증이나 부작용이 생기는 노시보 효과 역시 마음과 몸이 얼마나 긴밀하게 연결되어 있는지를 드러낸다. 마음은 인지와 감정의 중심일 뿐 아니라 신체 생리 전반을 좌우하는 살아 있는 시스템의 일부다.

이를 가장 직관적으로 보여주는 것이 바로 섭식행동이다. 인간의 몸은 수천 년 동안 일정한 체온, 일정한 혈당, 일정한 호르몬 상태를 유지하는 생물학적 항상성 homeostasis을 기반으로 진화해왔다. 이를 위해 뇌는 배고픔을 유도하는 그렐린을 분비하고 포만감을 조절하는 펩타이드를 작동시킨다. 먹는 행위는 칼로리를 채우는 행위를 넘어 생존을 위한 정교한 감정·기억·동기·판단이 엮인 총체적 시스템이다. 하지만 이 시스템이 제대로 작동하려면 몸과 마음이 서로 발맞춰야 한다. 몸이 무너지면 마음도 흔들리고 마음이 병들면 섭식은 통제력을 잃는다.

문제는 현대인이 더 이상 본능의 리듬대로 먹지 않는다는 점이다. 장과 뇌가 수천 년에 걸쳐 세운 협력 구조는 산업화된 식품 앞에서 무력하게 무너졌다. 패스트푸드와 정제당, 자극적인 향미와 과도한 염도는 위장을 혹사시키고 장내 유해균을 키워 생태계를 교란한다. 이로 인해 장 점막은 손상되고 그 틈으로 새어 나온 독소들은 자율신경계와 면역계, 호르몬계를 순차적으로 붕괴시킨다. 이제 장은 단순한 소화기관이 아니게 된다. 무너진 장은 독성물질을 만들어내는 공장이 되어 감정을 흔든다.

우울, 불안, 불면, 충동조절장애, 무기력, 집중력 저하. 장은 말이 없지만 뇌는 비명을 지른다. 그리고 이 고통은 다시 섭식을 왜곡한다. 음식을 고르는 선택 행위가 점점 감정에 예속되고 쾌락 중심의 섭식이 반복된다. 이런 형태의 식욕을 '헤도닉 식욕 hedonic hunger'이라 부른다. 배고파서가 아니라 스트레스와 공허감을 달래기 위한 섭식 행위다. 이는 결국 장을 더 파괴하고 뇌의 만족 회로를 왜곡시키며, 감정을 병들게 한다. 단맛은 달콤하지만 그 끝은 늘 쓸쓸하다.

당의 만성 섭취는 신경전달물질의 불균형을 유발해 우울과 불안장애를 증폭시키고 인슐린 저항성을 키워 당뇨로 이어진다. 특히 유아기와 청소년기엔 치명적이다. 2020년 통계청 자료에 따르면 한국인의 비만율은 38.3%로 국민 세 명 중 한 명이 비만 상태다. 그럼에도 불구하고 이 문제에 대한 국가 차원의 실질적인 해결책은 여전히 부재하다. 왜냐하면 이는 칼로리의 문제나 식습관의 문제로 단정할 수 없는, 감정과 섭식이 뒤엉킨 복합적 파괴 과정이기 때문이다. 의지로 다잡기엔 마음이 이미 무너져 있는 것이다.

이 악순환을 끊기 위해 필요한 것이 루틴이다. 이 루틴은 정서적 리듬을 회복하는 감정시계의 틀이다. 복잡하지 않다. 오전엔 햇빛을 3분간 받고, 찬물 샤워로 몸을 깨우고, 아랫배를 300회 두드리며 장을 자극한다. 오후엔 고관절 스트레칭으로 하체의 긴장을 풀고, 반신욕으로 교감신경을 가라앉힌다. 이 단순한 루틴은 삶의 리듬을 되찾고 감정의 방향을 되돌리는 출발점이 될 수 있다.

다이어트를 고민하는 사람도 마찬가지다. 절대 조급하게 체중을 감량하지 말고, 배고플 때만 먹고, 먹는 속도를 늦추며 공복감과 친해져야 한다. 공복이 세포를 깨우고 장을 복원시킬 수 있기 때문이다. 장 건강을 무시한 다이어트는 100% 요요로 이어지고 무리한 칼로리 제한은 뇌를 지치게 한다. 가장 효과적인 다이어트는 장내 호르몬을 자연스럽게 유도하는 생활방식이다. 이 또한 루틴으로 구현될 수 있다. 우리는 삶의 양식을 바꿔야 한다. 감정과 몸이 조율될 때 섭식은 비로소 생존 활동이 아닌 삶의 기쁨이 된다.

마음을 먹는다는 말이 있다. 결심을 뜻하는 이 표현에서 마음은 몸의 깊은 곳에서 올라오는 어떤 의지에 가깝다. 이때 무의식적으로 떠올리는 신체 기관은 뇌가 아니라 장이다. '복심腹心'이라는 단어가 이를 잘 보여준다. 본래는 속마음이나 '믿고 속을 터놓을 수 있는 사람'을 뜻하지만 문자 그대로 풀이하면 '배 속의 마음'이다. 영어식 표현인 'gut feeling' 역시 본능적 직감과 감각을 장과 연결 짓는다. 마음은 장에서 느낀다는 이 오래된 직관은 지금 과학의 언어로 새롭게 번역되고 있다.

최근 신경과학계에서 가장 주목받는 개념 중 하나가 바로 '장-뇌축'이다. 뇌와 장은 신경계, 면역계, 호르몬계를 통해 정교하게 상호작용하며 서로의 상태에 깊은 영향을 주고받는다. 장 속 미생물은 그 부산물을 혈액을 통해 전신으로 퍼뜨리고 자율신경계와 면역계를 거쳐 궁극적으로 뇌의 기능에까지 영향을 준다. 장의 상태가 감정과 기억, 사고와 기분까지 좌우하는 실질적 요인이라는 것이다.

이 연결의 핵심 키워드는 '마이크로바이옴 microbiome'이다. 이는 우리 몸 안팎에 서식하는 미생물 microbiota과 그들의 유전정보 genome를 통칭하는 개념이다. 나는 이를 반려균이라고 부르기도 한다. 최근 연구들은 이 마이크로바이옴이 우리 신체는 물론 정신에도 영향을 미친다는 사실을 앞다퉈 증명하고 있다. 예컨대 행복 호르몬이라 불리는 세로토닌의 95%는 뇌가 아니라 장에서 만들어진다. 도파민이나 가바 GABA 같은 주요 신경전달물질 역시 장내 미생물과 밀접하게 상호작용하며 조절된다.

이런 맥락에서 대변 검사는 위장 질환을 확인하는 절차에 그치지 않는다. 이미 자폐증, 우울증, 파킨슨병 같은 뇌질환 연구의 일환으로 활용되기 시작했다. 장은 입에서 항문까지 약 9m에 이른다. 그중 창자는 음식물을 처리함과 동시에 독자적인 신경망을 갖추고 있다. 장의 연동운동을 관장하는 근육층 안에는 1억 개 이상의 신경세포가 분포되어 있어, 과학자들은 장을 '제2의 뇌 second brain'라 부르기도 한다.

과학은 이제 마음이 뇌에만 국한되지 않는다는 사실을 보여주고 있다. 장을 비운다는 것은 곧 신체와 정신의 균형을 회복하는 과정이기도 하다. 수천 년 동안 무병장수의 비결로 전해져 온 소식 小食의 지혜 또한 장과 뇌의 연결성에서 비롯된 통찰이라 할 수 있다. 마음을 다스리기 위해선 생각을 바꾸는 것만으로는 충분하지 않다. 때로는 장부터 정리해야 한다. 마음은 몸 전체로 느끼는 것이다.

무림의 고수들은 장과 친하다

명상과 마음챙김 훈련에서 빠지지 않고 등장하는 것이 호흡법이다. 그중에서도 복식호흡, 즉 복부를 이용한 호흡은 감정 조절과 신체 이완에 가장 효과적인 방법으로 꼽힌다. 복식호흡은 횡격막을 움직여 장을 자극하는 방식이다. 이 호흡법은 장에 의식을 집중하고 뇌와 장 사이의 연결성을 회복한다. 한국의 전통 명상법에서도 장이 위치한 부위를 특별히 인식했다. 하단전이라 불리는 이 지점은 기氣가 저장되고 마음이 머무는 자리로 여겨졌고 단전호흡이라는 방식으로 체화되었다. 물론 단전호흡과 복식호흡이 정확히 같은 메커니즘은 아니지만 장을 중심으로 호흡을 수행한다는 점에서 깊은 유사성을 가진다. 무협소설에서 단전은 내공의 원천이자 생명력의 저장소다. 고대의 명상법이 신과의 만남을 준비하는 정화 의식이었다는 점을 고려하면 선조들은 이미 장과 정신 사이의 관계를 직관적으로 이해하고 있었던 셈이다. 명상meditation의 어원이 치유medicine를 뜻한다는 점도 이를 뒷받침한다.

　　마음을 치유하지 못하면 섭식도 무너진다. 당 중독, 탄수화물 중독, 패스트푸드 중독은 모두 감정 시스템을 교란시키는 일종의 정신적 중독이다. 그 극단적 증상이 바로 섭식장애다. 폭식증은 뇌의 포만중추가 제 기능을 하지 못하는 상태다. 배고픔을 유도하는 그렐린이 과도하게 분비되며 식욕이 조절되지 않는다. 이 과정에서 도파민과 노르아드레날린 시스템에 이상이 생기고 우울증이 발병하는 경우가 많다. 거식증은 이보다 더 심각하다. 치사율이 10%에 이를 정도로 위협적인 정신질환이다. 공복감을 느끼면서도 먹는 행위를 거부하거나 토해내는 방식으로 체중을 감량한다. 문제는 이들이 체중을 줄이는 데 성공할수록 심리적 통제가 회복되지 않고 오히려 장기적으로 장과 뇌의 기능이 함께 망가진다는 데 있다. 많은 환자들이 자신의 상태를 심리적 문제가 아닌 위장질환으로 인식하기 때문에 치료를 기피하게 된다.

섭식장애는 감정 조절 실패가 핵심 원인이다. 우울이나 불안 같은 부정적 감정이 시상하부의 에너지 조절 시스템에 영향을 미쳐 배고픔 호르몬 분비를 왜곡시킨다. 그리고 도파민 시스템을 과잉 자극해 고열량 음식에 대한 갈망을 증가시킨다. 의지력 부족이 문제가 아니다. 감정이 장을, 장이 다시 감정을 흔드는 악순환이다. 이런 문제를 겪는 많은 이들이 야식증후군으로 고통받는다. 하루 종일 공복을 잘 견디고도 밤이 되면 뭔가 허전하다. 유튜브를 켜거나 배달 앱을 열고 스트레스와 피로를 음식으로 눌러버린다. 그렇게 무거운 속으로 잠들고 다음 날 아침은 무기력하게 시작된다. 마음이 지치면 몸도 제시간에 깨어나지 못한다.

장과 다시 친해지기 위한 출발점은 복식호흡이다. 하루 3분에서 5분, 장을 따뜻하게 느끼며 호흡하는 것만으로도 부교감신경이 자극되고 몸이 이완된다. 장의 근육과 미생물 환경이 달라지고 자율신경계와 면역계, 호르몬계의 균형도 서서히 회복된다. "등 따시고 배부르면 그만."이라는 속담이 괜히 나온 말이 아니다. 장이 평온해야 마음도 조화로울 수 있다. 요즘은 장마사지나 장운동 같은 실천법도 다양하게 소개되고 있다. 장을 자극하면 미주신경이 반응하고 이는 곧 뇌의 이완으로 이어진다. 그래서 마음을 바꾸고 싶을 때는 먼저 장을 바꿔야 한다. 마음은 생각이 아니라 감정이고 감정은 장에서 비롯된다.

감정의 균형을 회복하는 장 관리

흔히 폭식을 의지박약의 결과라고 생각한다. 하지만 더 깊이 들여다보면 그것은 생체 리듬이 어긋나고 감정의 균형이 깨졌다는 신호에 가깝다. 늦게 자고 늦게 일어나는 생활이 반복되면 몸은 하루의 시간을 정상적으로 인식하지 못한다. 자연광을 받지 못한 채 아침을 건너뛰면 정서적 피로가 누적되고 감정은 뒤틀린다. 그러다 밤이 오면 위장은 그 뒤틀림을 음식으로라도 채우려 든다.

절제가 아니라 리듬의 회복이 필요한 순간이다. 자연스럽게 야식을 덜 찾게 되는 감각 말이다. 그러려면 하루의 첫 장면을 바꿔야 한다. 늦게 잠들었더라도 가능한 한 이른 시간에 일어나 햇빛을 받아야 한다. 몇 분 있다가 다시 침대에 눕더라도 그 찰나의 햇빛이 우리 몸의 생체시계를 리셋시킨다. 세로토닌 분비가 촉진되고 무기력과 불안은 조금씩 누그러진다. 어긋난 리듬을 맞추는 일은 작고 단순한 행위에서 출발한다.

그렇게 아침을 시작했다면 자신에게 조그만 보상을 하나 건네도 좋다. 예컨대 카카오 함량이 높은 다크 초콜릿 한 조각을 먹는 것이다. 이는 자기 혐오에 빠지기 쉬운 아침에 자신에게 건네는 사소한 격려다. 단맛이 항상 죄악이 되는 건 아니다. 초콜릿 속 폴리페놀은 스트레스를 낮추고 노화를 억제하며 정서적 긴장을 완화해준다. 즐거움과 연결된 루틴으로 지속가능한 감정관리의 동력을 확보할 수도 있다.

낮 시간대에는 의식적으로 쉼의 구간을 만들어야 한다. 점심 식사 후 10분간의 멍 때림이나 가벼운 낮잠은 감정과 식욕의 회로를 끊어주는 완충지대가 된다. 해소되지 않은 긴장된 감정은 밤에 식욕으로 되돌아온다. 물론 밤이 되기 전 저녁 식사는 무조건 '가볍게'보다는 '균형 있게'다. 고단백 위주의 식단은 체중 관리엔 도움이 될 수 있지만 오히려 수면의 질을 떨어뜨릴 수 있다. 수면을 돕는 세로토닌은 일정량의 탄수화물 섭취를 통해 더 잘 생성된다. 고구마나 밥, 따뜻한 수프처럼 적절한 탄수화물이 감정의 진정을 돕는다. 감정을 회복하려면 덜 먹는 것보다 잘 먹는 것이 중요하다.

밤 11시 이전에 잠드는 습관은 그 자체로 가장 강력한 감정 조절 기술이다. 수면 부족은 식욕을 조절하는 호르몬 분비 체계를 뒤

흔든다. 그렐린은 늘고, 렙틴은 줄고, 더 자주, 더 많이, 더 충동적으로 먹게 된다. 충분한 수면은 짜증과 불안을 줄이고 감정의 자가 조절 능력을 높인다. 수면은 하루를 닫는 행위인 동시에 마음을 비우는 기술이다.

이 모든 루틴을 방해하는 가장 큰 적은 스마트폰 화면이다. 특히 자기 전 배달앱과 SNS는 시각적 자극, 타인과 자신 사이의 비교를 유발하고 감정을 각성시킨다. 이런 상태로는 결코 쉽게 잠들 수 없다. 식욕도 계속 자극된다. 기계를 끄는 것만이 감정의 자율권을 되찾는 길이다.

마지막으로, 나는 자기 전에 늘 연한 꿀물이나 포도당 음료를 한 잔 만들어둔다. 허기를 완전히 해소하진 않지만, 불안을 진정시키고 식욕을 버틸 수 있게 도와준다. 이 작은 습관이 나를 통제할 수 있다는 감각을 되살려준다. 우리가 진짜로 원하는 것은 배를 채우는 일이 아니라 안심하고 하루를 닫는 일인지도 모른다.

감정시계 ON : 장 명상

붉은 배꼽 싱잉볼 명상

1. 감각 열기

- 작은 싱잉볼을 준비한다.

- 생각이 산란하거나 감정이 요동칠 때 가볍게 두드린다.

- 일상 속에서 다양한 방식으로 연주하며 어떤 울림이 내 안을 편안하게 하는지 탐색한다.

2. 배꼽 안에 붉은 싱잉볼 그려 넣기

- 편안한 의자에 앉아서 눈을 감는다.

- 배꼽 안쪽 깊숙한 곳에 붉은 싱잉볼이 자리하고 있다고 상상

한다.
- 싱잉볼이 내 움직임에 따라 아주 미세하게 흔들린다.
- 허리를 천천히 흔들며 중심을 잡는다.
- 싱잉볼을 두드리는 것처럼 손으로 배꼽 주위를 부드럽게 두드린다.
- 모든 감각을 아랫배에 집중한다.

3. 붉은 울림 시각화하기
- 상상 속 싱잉볼은 두드릴수록 점점 더 선명한 붉은색으로 변한다.
- 따뜻한 진동이 배꼽에서부터 몸 전체로 퍼져나간다.
- 어깨에 힘이 들어가면 잠시 멈추고 이완한 뒤 다시 이어간다.

4. 손으로 온기를 감싸며 감각 정리하기
- 싱잉볼이 있는 배꼽 아래를 두 손바닥으로 감싸듯 덮는다.
- 배꼽 아래서 퍼지는 따뜻함을 손으로 느껴본다.

5. 복부 수축을 통한 중심 강화하기
- 곧은 자세로 서서 등에 배가 붙을 듯 아랫배를 바짝 넣는다.
- 싱잉볼이 납작해지는 듯한 느낌을 상상하며 10~30초간 유지

한다.
- 숨을 편히 내쉰다.
- 5회 반복한다.

6. 복식호흡하기

- 숨을 들이쉴 때 상상 속 싱잉볼은 붉고 크게 부풀어 오르고, 내쉴 때 다시 작아지며 아래로 가라앉는다.
- 호흡을 60회 반복한다.

〈지침〉

- 틈틈이 1시간에 5분은 배꼽 아래의 싱잉볼을 떠올린다.
- 발표, 시험, 면접 등 긴장되는 상황에 유용하다.

공복감 관리

1. 배꼽 싱잉볼이 울릴 때만 식사하기

- 공복감이 배꼽 안의 싱잉볼을 조용히 울리는 느낌이 들 때만 식사한다.
- 싱잉볼이 울리지 않으면 가짜 배고픔이다.

2. 식사 직전 예고 두드리기

- 식사 직전, 손바닥으로 배꼽 주위를 5~10회 두드린다.
- "이제 음식이 들어올 거야."라고 말한다.

3. 입-혀-목-위장-배꼽으로 이어지는 감각 지도 그리기

- 음식을 씹을 때의 질감, 혀에 닿는 온도, 국물이 식도를 타고 내려가는 감각을 천천히 따라간다.
- 그 감각이 장까지 도달해 싱잉볼을 울린다고 상상하며 천천히 식사한다.

4. 싱잉볼이 넘치지 않도록 공복 20% 남기기

- 싱잉볼에 음식이 80% 정도 찼다는 생각이 들면 식사를 멈춘다.
- 20%의 공복이 내장과 감정의 회복을 돕는다고 생각한다.

FEEL CLOCK

2장

심장의 리듬이
마음을 불안하게 할 때

예전에는 사람들 사이의 인사말이 "밥은 먹었어?"였다. 생존을 묻는 말 같지만 실은 정서의 확인이었다. 밥을 먹는 일은 그냥 영양분을 섭취하는 일이 아니었다. 이는 누군가와 함께 감정을 나누는 행위였고, 그 질문엔 '네 하루는, 기분은 괜찮니?'라는 뜻이 숨어 있었다. 이제는 "기분 어때?", "요즘 어때?" 같은 말이 그 자리를 대신한다. 사람들은 서로의 기분을 묻고 감정을 나누려 한다. 하지만 정작 그 질문에 진심으로 답하는 사람은 드물다. 기분이 어떤지, 왜 그런지 제대로 알지 못한 채 살아가기 때문이다.

우리는 감정을 느끼면서도 감정을 잘 모른다. 말로 꺼내려 하면 막연해지고 설명할수록 멀어진다. 그래서 "그냥 좀… 느낌적인 느낌이랄까?" 같은 말이 일상에 남는다. 감정, 정서, 기분, 정동, 감성…. 이런 단어들을 구분해서 써본 적이 있었던가? 개념은 어렴풋이 들었지만 막상 내 안의 상태를 말할 땐 그 차이를 느끼기 어렵다. 우리는 생각에는 예민하면서 감정에는 무디다.

왜 우리는 이렇게 중요한 감정의 언어화에 이토록 서툴까? '생각적인 생각'이라는 말은 아무도 쓰지 않지만 '느낌적인 느낌'은 자주 입에 오른다. 감정이 애매해서가 아니다. 감정을 표현하는 데 쓸 언어가 명확히 없기 때문이다. 감정은 실시간으로 몸에서 반응하지만 그걸 자각하고 꺼내는 일은 쉽지 않다. 생각은 개념으로 말할 수 있지만 감정은 개념이 되기 전에 몸 어딘가에서 진동하고 흩어진다. 그래서 감정은 말보다 몸짓, 표정보다 숨결, 눈빛보다 박동으로 먼저 나타난다.

하지만 그 박동에 귀를 기울이는 법을 아무도 가르쳐주지 않았다. 우리는 감정을 표현하는 훈련 대신 감정을 참는 훈육을 받아왔다. 자제력이 미덕이었고 감정은 미덕에 어긋나는 것으로 여겨졌다. 학교에서도, 회사에서도, 집안에서도 감정을 들키면 약하다고 생각했다. 그 약함은 드러내면 안 되는 결핍으로 여겨졌다. 감정은 공공장소에서 숨겨야 할 사생활이 되었다. 몸 안에서 울리는 신호는 자연스럽게 억눌렸다.

그 단적인 표본이 애니메이션 '들장미 소녀 캔디'다. "외로워도 슬퍼도 나는 안 울어, 참고 참고 또 참지 울긴 왜 울어…" 주제곡의 노랫말은 어린아이의 가슴에 감정 억제를 각인시켰다. 우리는 어릴 때부터 그렇게 배웠다. 감정은 소리 내어 말하지 말고, 울지 말고, 겉으로 드러내지 말 것. 그래서인지 누군가의 말 한마디에 눈물이 터질 때도 당황하거나 그 감정을 숨기려 한다. 심장이 먼저 반응했는데도 머리는 그걸 부정한다. 영화 '배트맨' 시리즈의 악당 조커는 그 금기를 스크린 안에서 깨버린 존재다. 조절되지 않는 웃음, 드러나는 분노, 멈출 수 없는 감정. 우리는 가끔 상상한다. 조커처럼 살면 어떨까? 하고 싶은 말을 하고, 참지 않고 울고, 원하는 만큼 웃을 수 있다면 얼마나 통쾌할까? 하지만 현실은 그렇지 않다. 우리는 감정을 눌러두고 술김에 튀어나온 말 한마디를 떠올리며 수년째 이불킥하며 살아간다. 감정은 무섭고 그 감정의 출처는 더더욱 낯설다.

일상의 사례를 떠올려보자. 내가 골똘히 생각에 잠겨 있는데, 친구가 "화났니?"라고 묻는다. 나는 "아닌데?"라고 대답하면서 속으로 의아해한다. 왜 내가 화났다고 생각했지? 거울을 들여다본다. 내가 화가 났다는 신호를 받은 건 나 자신이 아니라 친구였고, 나는 그 판단에 뒤늦게 반응한 것이었다. 이 짧은 장면에는 여러 심리 개념이 겹쳐 있다. 내가 친구의 말에 순간적으로 일으킨 미세한

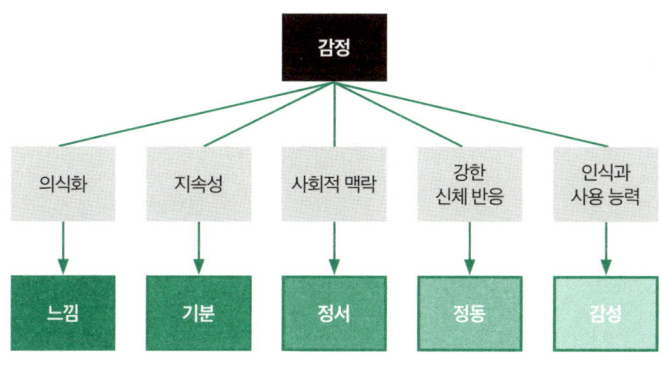

표정 변화는 '감정'이고, 그 변화를 친구가 읽어내려 한 시도는 '감성'이다. 나의 전반적 분위기는 '정서'로, 만약 표정이 예민하게 감지될 정도로 강한 자극이었다면 그것은 '정동'으로도 해석될 수 있다. 실제로 나는 화가 난 기분도, 느낌도 아니었지만 누군가는 그 신호를 그렇게 읽었다. 이처럼 감정, 정서, 기분, 느낌, 정동, 감성은 겹치되 다르다. 때로는 내 몸이 말하는 것과 내 머리가 인식하는 것 사이에 어긋남이 생긴다.

감정의 첫 번째 청취자

감정은 끊임없이 움직이는 에너지다. 말 그대로 emotion, 움직인다emovere. 이 움직임을 가장 먼저 감지하는 것은 뇌가 아니라 몸이다. 특히 '내부감각interoception'은 감정을 자각하는 감각이다. 오감이 바깥 세계를 느낀다면, 내부감각은 배고픔, 포만감, 갈증, 통증, 심장박동처럼 몸 안의 상태를 느끼는 감각이다. 하지만 이 감각은 의식 위로 드러나지 않는다. 대부분은 무의식이며 일부만이 포착된다. 그리고 바로 그 포착된 조각이 우리가 말하는 느낌이다. 감정 전체가 수면 아래 출렁이는 바다라면 느낌은 그중 드물게 떠오른 반짝임이다. 이 느낌은 오로지 내 몸을 통해서만 감지할 수 있다. 아무리 개념을 정리해도 그 순간 내 심장이 어떻게 뛰고 있는지를 모르면 감정은 여전히 '느낌적인 느낌'에 머무른다.

우리는 감정을 생각으로만 다루려고 한다. 기분이 나쁜 이유를 따져보고 분노의 원인을 분석한다. 그러다 보면 감정은 이미 지나가버리거나 사유 속에서 왜곡된다. 그러면서 감정이 발생한 자리, 몸 안의 최초 감정 반응을 자주 놓친다. 감정이 일어나는 순간 가장 먼저 반응하는 기관은 뇌가 아닌 심장이다. 심장은 생명을 유지하는 펌프이면서 감정의 파동을 만들어내는 리듬의 시작점이다.

감정과 느낌. 신경과학에서도 이 둘은 가장 분명하게 구분되는 축이다. 감정은 항상 작동하지만 느낌은 그중 의식 위로 떠오른 일부다. 이때 자주 비유되는 예가 심장박동이다. 심장은 늘 뛰고 있지만 대부분 그 사실을 실감하지 못한 채 지낸다. 그러다 계단을 빠르게 오르거나, 갑자기 놀라거나, 의도적으로 가슴에 손을 얹고 박동을 느낄 때 비로소 우리는 심장을 인식하게 된다. 감정과 느낌의 관계도 그와 비슷하다. 언제나 존재하지만 언제나 느껴지진 않는다.

느낌은 우리 몸에 각인된 감각의 총합이기도 하다. 희로애락 같은 감정만이 아니라, 배고픔, 포만감, 통증, 오한 같은 생존의 감각들 또한 느낌의 형태로 나타난다. 감정은 뇌에서 인지되기 전에 먼저 몸이 반응하는데, 그 반응은 대개 심장에서부터 시작된다. 스트레스를 받을 때, 마음이 불편할 때, 슬플 때나 불안할 때 우리는 무의식중에 손을 가슴으로 가져간다. 왜 하필 심장일까? 심장이 감정을 가장 먼저 받아내는 리듬의 중심이기 때문이다. 그리고 그 리듬이 불규칙해질 때 감정 역시 흐트러진다. 감정을 이해하려면 언어보다 리듬에 귀를 기울여야 한다. 심장은 가장 오래된 감정 번역기다. 리듬을 느껴야 비로소 내 감정이 어디서부터 어떻게 시작됐는지 실감할 수 있다. 그리고 이 자각은 다른 누구도 대신해줄 수 없는 일이다. 내 심장은 언제나 내 감정의 첫 번째 청취자였다.

많은 사람들이 말한다. 우리는 감정을 표현할 자유가 있다고.

억누르지 말고, 무시하지 말라고. 하지만 감정 표현이 정말 자유의 문제일까? 자유는 '외부의 억압 없이 자기 뜻대로 행하는 상태'를 의미한다. 이 정의에 따르면 '감정을 표현할 자유가 있다'는 말은 감정을 인식하고 있음을 전제로 한다. 그러나 현실은 다르다. 사람들은 표현하기는커녕 감정 자체를 선명히 인식하지 못한다. 무엇을 느끼고 있는지 모른 채 어떻게 느껴야 할지만 고민한다. 죽음을 앞둔 이들이 가장 많이 하는 말은 "진심을 말하지 못했다."는 고백이다. 하지만 그 진심이란 결국 자기 감정을 정확히 인식하고, 그것을 오염되지 않은 언어로 꺼내는 것을 의미한다. 그러려면 우선 그 감정이 어디서부터 왔는지를 알아차려야 한다.

신의 자리

현대 생리학은 심장을 감정과 인지의 중심축으로 본다. 심장은 고유한 전기신호를 발생시키며 자율신경계를 통해 뇌와 상호작용한다. 특히 주목해야 할 건 감정이 발생했을 때 뇌가 심장에 지시를 내리는 게 아니라 오히려 심장이 뇌에 정보를 보내는 상향 피드백이 훨씬 많다는 점이다. 전체 부교감신경의 약 80%가 심장에서 뇌로 정보를 올려보내고 있으며 이 정보는 뇌간을 거쳐 대뇌 변연계,

전전두엽까지 영향을 미친다. 쉽게 말해 우리가 어떤 감정을 느끼는 것은 심장이 먼저 반응한 리듬을 뇌가 인식한 결과일 수 있다는 뜻이다.

심장은 실제로 약 4만 개의 뉴런이 분포된 고유의 신경망을 가지고 있다. 독립적으로 심박수를 조절하기 위한 미니 뇌 기능을 한다고 볼 수도 있다. 이 신경망은 자율신경계의 한 축으로 작동하면서 감정 정보에 스스로 반응하고, 감정을 뇌에 전달한다. 예를 들어, 극심한 공포 상황에서 심장이 먼저 요동친 뒤에 뇌가 상황을 파악하며 공포를 느낀다. 그러니 때로는 내 감정을 파악하고 싶을 때는 왼쪽 가슴에 손을 올려보는 게 더 효과적일 수 있다.

이때 핵심 개념이 심박변이도, HRV Heart Rate Variability다. HRV는 심장 박동 사이의 간격이 얼마나 유연하게 변동하는지를 측정하는 지표다. 보통 박동이 규칙적일수록 좋다고 생각하지만 실제로는 반대다. 건강하고 정서적으로 안정된 사람일수록 박동 간격이 섬세하게 변동한다. 이 섬세한 리듬의 변화가 신체 내부의 민감한 감지 시스템을 구성하며, 우리가 감정을 세밀하게 인식할 수 있도록 돕는다. 반대로 박동이 뻣뻣하게 고정되거나 지나치게 불규칙하면 감정 조절력도 함께 무너진다. 음악으로 비유하자면 너무 정확한 박자로만 진행되면 지루하지만, 미묘한 변칙은 활력을 만든다. HRV가 높다는 건 생리적 리듬에 활력이 있다는 뜻이다. 이 활력은 감정이 불안정할 때 그 진동을 흡수하는 내부 완충 장치의 역할을 한다. HRV가 낮으면 작은 스트레스에도 쉽게 무너지고, 감정적 회복에는 더 오랜 시간이 걸린다.

더 놀라운 건 심장은 감정에 대한 단기적 반응을 넘어 장기 기억을 만든다는 사실이다. 일부 심장이식 수술 사례에서는 기증자의 감정 성향, 음식 취향, 심지어 취미나 트라우마까지 수혜자에게 영향을 주는 경우가 보고된 바 있다. 과학적으로 완전히 입증된 이론은 아니지만, 이 사례는 심장이 기억의 저장소 역할도 할 가능성을 제기한다.

생각해보면 우리는 본능적으로 심장을 감정의 장소로 여겨왔다. 사랑을 느낄 때 가슴이 뜨거워진다고 표현하고 상처를 입을 때는 가슴이 먹먹해진다고 표현한다. 수천 년 동안 인류가 경험해온 몸의 감각이 언어로 굳어진 것이다. 고대 중국의 의학서인 《황제내경黃帝內經》은 심장을 '신의 자리'라고 표현했다. 이때의 신은 종교적 개념이 아니라 마음, 의식, 감정의 통합을 뜻한다. 심장이 마음 그 자체로 간주된 것이다.

내 몸의 메트로놈을 조율하는 법

심장은 감정의 메트로놈이다. 그렇다면 우리는 이 메트로놈을 어떻게 조율할 수 있을까? 하루의 시작을 심장의 리듬으로 맞춰보자. 아침에 눈 뜨자마자 손을 스마트폰 대신 가슴에 얹어보기, 복식호흡을 하면서 심장이 어떤 박동을 보내고 있는지 감각해보기. 불안하거나 분주한 날일수록 이 루틴은 더욱 명료한 효과를 발휘한다. 감정시계의 두 번째 태엽인 심장은 이처럼 매일의 리듬을 세팅하는 기준음이다. 이 기준이 흔들리면 하루의 감정 전체가 뒤틀릴 수 있다.

심장 루틴은 감각과 리듬에 집중한다. 가장 단순한 방식은 하루를 기상 후 복식호흡 5회로 시작하는 것이다. 들숨은 4초, 날숨은 6초, 손은 가슴과 아랫배 위에 가볍게 얹는다. 이때 심박을 측정하려 하지 않아야 한다. 판단하거나 교정하려 하지 말고 심장의 리듬을 듣는 태도가 필요하다. 리듬이 손끝에 전해지고 호흡과 동조될 때 감정의 패턴도 안정된다. 여기서 더 나아가면 심장을 시각화하는 훈련으로 확장할 수 있다. 눈을 감고 가슴 안쪽의 무게를 상상해본다. 심장이 어떤 색일지, 어떤 형태일지, 어떤 속도로 움직이는지 떠올려본다. 정답은 없다. 중요한 것은 이 리듬이 지금의 감정을 반영하고 있다는 사실을 받아들이는 일이다.

외출 전에는 짧은 심장 자극 루틴을 추가할 수 있다. 심장 위를 손끝으로 1분간 가볍게 두드리며 몸에 신호를 보내는 것이다. 마치 잠든 리듬을 깨우듯 "여기 있어요."라고 내 심장에게 말을 거는 행위다. 그런 다음 천천히 일어나 걸음을 옮긴다. 이때도 걸음의 리듬이 심장과 어긋나지 않도록 신경 쓴다. 너무 바쁘게도, 너무 느슨하게도 걷지 않는다. 이 짧은 리듬 조율만으로도 그날 하루의 감정은 확연히 달라진다. 불필요한 말다툼을 피하고 자신도 모르게 던지던 빈말을 줄일 수도 있다. 감정 조절력은 매일의 심장 리듬에서 조율되는 훈련된 능력이다.

오후나 저녁에 감정의 요동이 심할 때는 또 다른 루틴이 유용하다. 심장이 두근거리거나, 가슴이 답답하거나, 이유 없이 불안할 때, 가장 빠른 방법은 몸을 움직이며 리듬을 되찾는 것이다. 걷거나 천천히 계단 오르내리기를 추천한다. 심장은 근육이기 때문에 고정된 상태보다 움직이는 상태에서 회복이 빠르다. 이때 중요한 건 속도가 아니라 패턴이다. 일정한 호흡과 발걸음, 거기에 심장 박동이 맞물릴 때 감정은 자연스럽게 가라앉는다. 가슴을 손으로 감싸고 "지금 느껴도 괜찮아."라고 속으로 말해주는 것도 도움이 된다. 감정은 억제할 대상이 아니라 감각해야 할 리듬이다. 그 리듬은 심장이 가장 먼저 알고 있다.

감정시계는 우리 몸속에서 가장 오래된 리듬, 심장의 박동을 중심으로 작동하는 정서적 메커니즘이다. 이 리듬에 귀를 기울이는 일은 단순히 감정을 표현하는 데 그치지 않고 내가 누구인지, 지금 어떤 상태로 살아가고 있는지를 실감하는 일이다. 감정이 흐트러졌다면 심장부터 점검하자. 심장은 언제나 나보다 먼저 대답하고 있다. 조용히, 그러나 분명하게, '쿵, 쿵' 하고.

감정시계 ON: 심장 명상

나비 명상

1. 손끝, 발끝 깨우기

- 아침, 저녁에 조용한 공간에 놓인 의자에 비스듬히 앉거나 침대에 눕는다.
- 양손을 열 번 힘차게 마주치고 발바닥도 열 번 가볍게 박수 친다.
- 손가락을 오므렸다 펴고, 발가락도 조심스레 움직인다.
- 박수 소리와 함께 손끝 발끝에 피가 도는 느낌이 든다.
- 몸 전체가 따뜻해진다고 상상한다.
- 심장으로 따뜻함을 받아들일 준비를 한다.

2. 복식호흡과 함께 심장 중심 잡기
- 왼손은 가슴에, 오른손은 아랫배에 얹는다.
- 숨을 깊이 들이쉬고 내쉬는 복식호흡을 반복하며 정신을 심장에 집중한다.
- '쿵, 쿵' 하는 심장박동의 리듬을 느낀다.

3. 심장을 그리는 상상
- 눈을 감고 가슴 안에 있는 심장의 모습을 그려본다.
- 아무렇게나 느낌 가는 대로 그린다. 그리려는 시도 자체가 감각과 마음을 연결하는 통로가 된다.

4. 심장 위에 나비 앉히기
- 심장 중심에 에메랄드빛 나비 한 마리를 앉혀본다.
- 심장이 뛸 때마다 나비도 천천히, 정중하게 날개를 퍼덕인다.
- 나비의 날갯짓이 심장을 어루만진다고 상상한다.
- 나비는 날아가지 않고, 그 자리에 앉은 채로 박동의 파장을 온몸으로 퍼뜨린다.

5. 박동의 공명을 전신으로 확장하기
- 심장박동을 손끝과 발끝까지 확장해본다.

- 숨을 들이쉴 때는 박동이 가슴 위로 올라가고, 내쉴 때는 가슴 아래로 가라앉는다.
- 손과 발이 심장과 함께 커졌다가 작아졌다 한다.
- 몸 전체가 '쿵, 쿵' 하는 박자에 따라 춤을 추듯 움직이고 있음을 느낀다.

6. 마음의 중심으로 되돌아오기
- 나를 혼란스럽게 하는 감정을 호흡에 싣는다.
- 숨을 들이쉴 때는 심장을 중심으로 따뜻한 기운이 가슴을 채운다.
- 숨을 내쉴 때는 그 기운이 복부로 부드럽게 흘러간다.
- 3회 이상 호흡을 반복하며 눈을 뜨고 세상으로 천천히 복귀한다.
- 감정이 정리되며 몸의 긴장을 완화한다.

3장

피부관리와 감정관리의 관계

"피부에 와닿는다." 이 익숙한 표현은 그냥 비유가 아니다. 어떤 사실이나 감정이 실감나게 다가온다는 의미인데 이는 느낌적인 느낌을 넘어선, 말 그대로 감각의 층위를 가리킨다. "물가가 오른 게 피부에 와닿는다." "너와 헤어진 후 내 잘못을 피부로 실감하고 있어." 이런 문장들은 피부를 통해서도 감정이 인식된다는 전제를 암묵적으로 품고 있다. 언뜻 피부는 그런 감각과 거리가 멀어 보인다. 해부학적으로 보자면 피부는 신체의 가장 외곽을 감싸는 상피조직으로, 주된 역할은 보호다. 외부 자극이나 세균 침입으로부터 몸을 지키는 일종의 방어막인 것이다.

반면 감정은 형이상학적이고 심리적인 것으로 여겨진다. 그런데도 우리는 "피부로 느낀다."는 말을 아무런 저항 없이 받아들인다. 다른 언어도 마찬가지다. 영어권에서는 "I can feel it in my bones(뼛속까지 느껴진다)."라는 표현이 있다. 이번엔 뼈다. 피부도, 뼈도, 모두 감정의 수신부처럼 쓰이고 있다. 내가 어릴 적 극장 앞 포스터에 적혀 있던, "뼈와 살이 타는 밤!"과 같은 카피를 떠올려보면 무슨 뜻인지 몰라도 몸 어딘가에서 뭔가 강렬한 게 일어난다는 사실만은 직감할 수 있었다. 이처럼 피부, 뼈, 살은 감정이 틈입하는 감각의 무대다.

감정은 뇌에서만 만들어지는 게 아니다. 오히려 많은 경우 감정은 피부를 포함한 신체 전반을 통해 먼저 감지되고 인식된다. 몸속을 실시간으로 떠다니는 수많은 감정 신호들은 우리가 언어로 붙잡기 전에 이미 피부에 닿아 근육을 긴장시키고 맥박을 뛰게 한다. 가장 먼저 외부 자극과 마주하는 피부는 감정의 최초 감지 센서라고 볼 수 있다. 한의학은 이런 감정과 몸의 관계를 '칠정七情'이라는 개념으로 설명한다. 기쁨, 분노, 슬픔, 즐거움, 사랑, 미움, 욕망. 이 일곱 가지 감정은 각기 특정 장기와 깊이 연결돼 있다.

예를 들어 간이 항진된 사람은 분노를 잘 느끼고, 심장이 약한 사람은 기쁨을 느끼기 어려우며, 생각이 많은 사람은 소화기관이 약해진다. "간이 배 밖으로 나왔다."는 표현도, 바로 이런 동양의학적 세계관에서 비롯된 것이다. 그런데 최근 들어 서양의 신경과학도 그와 유사한 결론에 도달하고 있다. 감정이 마음속에서 생겨나는 추상적 정념이 아니라 신체 각 기관의 생리적 상태와 상호작용하며 형성된다는 것이다.

외부 자극에 대한 생리적 반응인 감정을 인식하는 방식은 정서적 경험이 된다. 이 과정에서 특정 감정은 특정한 신체 감각 패턴과 연결되어 나타난다. 신체 내부 장기의 상태가 그 감정 경험을 증폭하거나 조절하기도 한다. 감정 상태가 장기를 바꾸고, 장기의 상태가 다시 감정을 바꾸는 순환 구조다. 최근 스탠퍼드대학교 연구진이 학술지 〈네이처〉에 발표한 연구는 이러한 상호작용의 실제적 위험을 보여준다. 연구에 따르면 장기의 노화 속도는 균일하지 않으며 개별 장기 중 일부가 유독 빠르게 노화하는 사람은 15년 내 사망 확률이 최대 50% 가까이 증가한다. 겉으로는 아무 이상이 없어 보여도 장기 하나의 상태 변화가 전반적인 생명력에 영향을 미친다는 이야기다.

피부가 감정을 유도한다고?

피부는 장기와 달리 외부 자극에 실시간으로 반응한다. 온도, 습도,

촉감, 압력, 통증 같은 감각은 피부를 통해 감지되며 순식간에 뇌와 자율신경계에 전달된다. 감정 반응의 상당수가 피부를 통해 먼저 유도되는 이유다. 예컨대 두려움을 느낄 때 우리는 가장 먼저 소름이 돋는 경험을 한다. 화가 날 때 얼굴이 달아오르고 수치심을 느낄 때는 열이 머리로 쏠린다. 이러한 반응은 모두 피부를 경유한 감정의 흔적이다. 감정의 전조를 가장 빠르게 드러내는 경계선이다.

그럼에도 우리는 감정을 피부로 느낀다는 사실을 잘 인식하지 못한다. 실은 몸 전체에 무감각하다. 몸에 이상이 생기기 전까지는 내부 상태에 주의를 기울이지 않는다. "요즘 내 폐가 심장 때문에 지쳐 있어."라든지 "간이 좀 붓는 느낌이야." 같은 말은 여전히 낯설고 그렇게 말하는 사람은 주변에서 건강염려증 환자로 취급받기 쉽다. 신체를 감정의 일부로 받아들이는 감각은 일상에서 결핍되어 있다.

물론 누군가는 반문할 수도 있다. 요즘 사람들은 몸에 과도할 만큼 관심을 갖고 있다고. 피부미용, 식단조절, 간헐적 단식, 크로스핏, 헬스, 성형, 그리고 넷플릭스의 '피지컬: 100' 같은 프로그램까지. 우리는 몸을 둘러싼 수많은 콘텐츠와 트렌드에 노출돼 있다. 겉보기에는 신체에 대한 애정이 넘치는 시대다. 그러나 이 열광은 감정을 감각으로 환원하려는 시도가 아니라 외형을 매끄럽게 매만

지려는 욕망에 가깝다. 지금의 신체 트렌드는 먹방 콘텐츠와 닮았다. 누군가의 폭식을 보며 대리만족을 얻고, 누군가의 다듬어진 근육을 보며 감탄하거나 질투한다. 자기 몸과 감정을 마주하는 대신 그 불편함을 잠시 잊기 위한 피난처를 찾는다.

 감정은 피부와 뇌, 장기와 신경계를 잇는 신호망 위에서 형성된다. 땀샘이 반응하고, 말초신경이 흥분하며, 혈관이 확장되고, 피지선이 반응하는 일련의 과정은 감정의 출발지이자 반응지다. 최근에는 피부 상태가 자율신경계의 불균형을 보여주는 지표로 활용되기도 한다. 피부 온도나 촉감, 혈색 등의 변화는 스트레스 수준이나 정서 상태를 예측하는 단서가 된다. 일부 심리생리학 연구에서는 감정 조절 훈련을 통해 피부 반응성 자체가 변화한다는 결과도 발표됐다.

 그런데도 대부분 사람들은 피부를 외형의 문제로만 여긴다. 미백, 보습, 탄력 관리, 여드름 치료, 이런 관심은 충분하지만 촉각과 온도, 감촉과 감정 간의 연결은 인식되지 않는다. 감정을 피부로 느끼고 피부로 감정을 해석하는 감각은 여전히 우리 일상에서는 결여돼 있다.

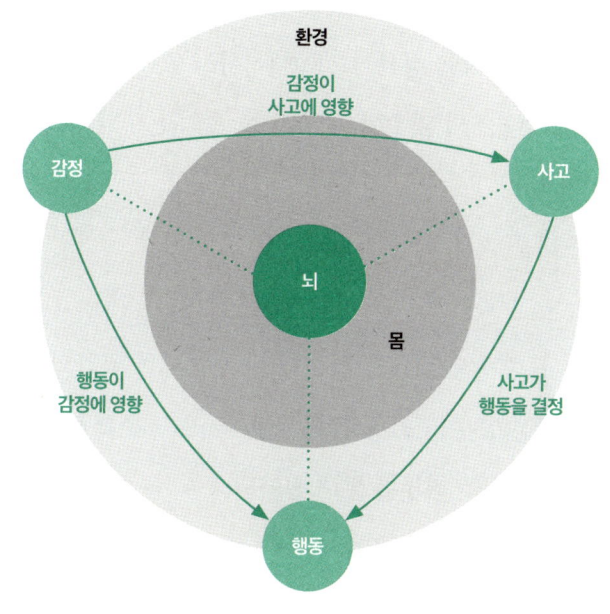

감정, 사고, 행동의 관계

악수만으로 감정이 바뀐다

그렇다면 우리는 어떻게 다시 피부의 감각을 감정의 언어로 회복할 수 있을까? 가장 먼저 필요한 것은 피부가 감정의 안테나라는 사실을 인식하는 것이다. 신경세포만 따지면 전신에 분포한 감각신경의 90% 이상이 피부에 집중되어 있다. 이 수많은 말초신경은

촘촘한 레이더처럼 감각을 수집하고 뇌와 자율신경계를 향해 실시간 보고를 올린다. 의식이 미처 알아차리기도 전에 피부는 이미 세상을 판단하고 감각을 정서적으로 해석하고 있는 셈이다.

예컨대 누군가와 악수할 때, 우리는 손의 온도와 땀의 정도, 악력 등을 통해 상대방의 긴장도나 안정 정도를 무의식적으로 감지한다. 부드러운 촉감, 따뜻한 손바닥은 그 자체로 신뢰의 메시지를 전달한다. 반면 차갑고 축축한 손은 불안이나 불편을 그대로 드러낸다. 말로 표현되지 않지만, 신경계는 이 미세한 촉각의 데이터를 기반으로 감정의 톤을 조율한다. 사랑, 두려움, 거부감, 위로 같은 감정이 언어 이전에 피부를 통해 번역된다.

흥미로운 건 이러한 촉각 경험이 순간적인 감정 반응에만 영향을 미치는 게 아니라는 점이다. 유아기의 피부 접촉 경험은 성인이 된 이후의 정서 안정성과도 밀접한 연관이 있다. 연구에 따르면 생후 수개월 동안 충분히 피부를 누군가와 접촉한 아기일수록 스트레스에 덜 민감하고, 자기조절 능력이 높으며, 타인과의 정서적 교류에서도 긍정적인 경향을 보인다. 반대로 피부 접촉이 결핍된 유아는 성장 과정에서 불안정한 애착과 감정적 억제 경향을 보일 가능성이 높다. 피부는 생후 가장 먼저 감정을 학습하는 교과서이자 평생의 정서 시스템의 기초를 다지는 토대다.

성인의 경우도 마찬가지다. 스트레스를 받을 때 피부 트러블

이 심해지는 이유는 피부가 뇌와 연결된 감정 회로의 디스플레이처럼 기능하기 때문이다. 부끄러움이 얼굴을 붉히고, 공포가 얼굴을 창백하게 만들며, 분노가 땀을 쏟아낸다. 심지어 일부 피부 질환은 특정 감정 패턴과 반복적으로 연결되기도 한다. 아토피성 피부염 환자 중 상당수가 불안이나 분노를 해소하지 못할 때 증상이 악화되며, 만성적인 스트레스는 피부 장벽을 실제로 약화시킨다는 연구도 있다.

분명 피부관리는 감정의 컨디션을 관리하는 일이기도 하다. 스파, 마사지, 목욕, 온찜질, 아로마테라피, 부드러운 침구나 옷감을 선택하는 일까지 모두 피부를 통해 정서를 안정시키려는 문화적 시도다. 하지만 현대의 환경은 감정에 관한 피부의 신호를 무시하거나 억누르게 만든다. 차가운 에어컨 바람, 자극적인 세정제, 화학적으로 독한 미용 제품, 인위적인 촉감의 옷감, 강한 조명은 피부의 자연스러운 반응성을 마비시키고 감정의 민감도마저 둔화시킨다. 디지털 기기와의 접촉이 늘수록 타인의 피부와의 접촉은 점점 줄어든다. 정서가 점점 메마르고 단절되어간다. 하지만 피부의 감각을 회복해야 감정의 리듬을 회복할 수 있다. 무엇이 나를 따뜻하게 만드는지, 무엇이 차갑고 거슬리는지, 어떤 옷감이 나를 편안하게 해주는지를 스스로 물어야 한다.

재료의 신선도를 감별하는 요리사

어떤 상황이 신체 내부에 미세한 변화를 일으키고, 그 변화가 감각적으로 인식될 때, 우리는 그것을 특정한 감정으로 해석한다. 감정이 신체에서 느껴지고 뇌에서 번역되는 것이다. 공포나 분노 같은 원초적 감정일수록 이 메커니즘은 더욱 분명하게 작동한다. 진화생물학적으로 오래된 1차 감정일수록 생존과 직결된 신체 반응과 더 밀접하게 얽혀 있다. 가슴이 답답해지고, 손발이 차가워지고, 숨이 가빠지는 것처럼 말이다. 반대로 2차 감정은 사회적 학습과 기억, 판단이라는 과정을 거쳐 생성된다. 기분, 눈치, 맥락 파악처럼 사회적 해석이 개입되는 감정들이다. 그만큼 더 복잡하고 반응이 느리며 신체보다는 뇌의 가공이 중심이 된다.

    이러한 감정 형성과정에서 내부감각은 중요한 역할을 한다. 내부감각은 근육의 긴장, 장기의 압력, 피부의 온도 변화 같은 신체 내부의 미세한 변화를 감지하고 인식하는 감각이다. 이 감각은 사고와 판단, 심지어 자기 인식에도 깊게 관여한다. 우리는 몸을 통해 세상을 생각하고 몸을 통해 나 자신을 자각한다. 이를 '체화된 인지 embodied cognition'라 부른다.

    그렇다면 이 내부감각은 어떻게 길러지는가. 명상이 대표적이다. 본래 종교적 수행의 수단이었던 명상은 현대에 들어 심신 회복과 자기조절을 위한 과학적 루틴으로 재해석되고 있다. 감정을 조절하는 능력, 스트레스를 가라앉히는 힘, 자기 자신을 자각하는 감각은 모두 내부감각에서 비롯된다. 명상이 훈련하는 것은 이 감각이다. 눈을 감고 호흡을 가다듬으며 몸의 미세한 감각 변화에 주의를 기울이는 것은 나에게 다시 연결되는 방법이다.

이때 명상 초보자들이 가장 먼저 집중해야 할 부위가 바로 손바닥 피부다. 가만히 손을 무릎 위에 얹고 그 촉감과 온도, 미세한 떨림을 느끼는 것은 피부를 통해 감정을 회복하는 훈련이다. 피부는 발생학적으로 뇌와 동일한 외배엽에서 유래한 기관이다. 수많은 말초신경과 감각수용체를 통해 뇌와 지속적으로 대화를 주고받는다. 피부는 외부 자극을 수용하는 감각기관이자 내부감각이 지나가는 길목이기도 하다.

걷기를 예찬한 작가, 장 크리스토프 뤼팽Jean-Christophe Rufin은 인간이 걷는 동안 자신이 가진 생리적 욕구와 감정, 무시되었던 신체 기관들을 다시 인식하게 된다고 말한다. 무의식의 감정 상태를 의식의 무대로 끌어올리는 것이다. 그 관문은 언제나 감각이고 그 감각은 피부를 경유한다. 손바닥, 발바닥, 얼굴, 등을 통해 지나가는 그 미세한 감각의 흐름이야말로 감정의 물리적 단서다.

내부감각은 추상적이고 어렴풋한 감각처럼 보이지만 실은 우리가 매일 무심히 지나치는 일상 속에서 끊임없이 반응하고 있다.

이를 감정 루틴으로 끌어올리는 데에는 특별한 도구가 필요하지 않다. 감각을 회복하려는 의지만 있으면 된다. 이를테면 샤워를 할 때 물의 온도를 감정의 온도처럼 받아들이는 것이다. 오늘의 감정은 뜨거운가, 차가운가, 무딘가? 물줄기가 피부에 닿는 순간의 감각을 자각하면 피부는 감정을 투사하는 감각의 스크린이 된다. 같은 맥락에서 손을 씻는 루틴도 감정 리셋의 장치가 될 수 있다. 비누 거품이 손등을 감싸는 감각, 물이 손끝을 따라 흐르는 감촉을 의식하는 순간, 감정은 언어가 아니라 감각으로 배출된다. 말로 표현되지 못한 마음의 잔여물이 손끝에서 흘러나가는 느낌. 그런 느낌이 내부감각을 깨우고 감정시계를 다시 감는 계기가 된다.

그보다 더 작고 미세한 루틴도 있다. 예컨대 의자에 앉을 때 엉덩이가 느끼는 압력에 집중해보는 것이다. 이 단순한 감각은 몸이 얼마나 지쳐 있는지를, 감정이 얼마나 무거운지를 말해주는 신호일 수 있다. 매일 반복되는 앉고 일어나는 동작 속에 감정은 눌려 있다. 그 눌림을 알아차릴 때 우리는 비로소 감정의 무게를 감각하게 된다. 또 하나, 햇빛이 피부에 닿는 순간을 떠올려보자. 아침 햇살이 얼굴을 스치거나 오후의 햇빛이 팔을 덮을 때 같은 빛이 어떤 날은 따뜻하게, 어떤 날은 부담스럽게 느껴진다. 피부는 그 미묘한 차이를 감지하고 있다.

내부감각이 거창한 수행이나 명상의 순간에만 깨어나는 것은 아니다. 오히려 바쁜 일상 속, 단 몇 초의 의식적 감각이 더 중요할 수 있다. 피부가 반응하는 찰나를 알아차리는 일, 그 미세한 감각의 여운에 머무는 일이 곧 감정의 시계를 감는 실천이며 우리가 다시 감정을 살로 되돌리는 첫걸음이다.

감정과 사고, 몸과 뇌는 하나의 시스템이다. 뇌는 요리사, 몸은 재료, 마음은 그 결과라고 말할 수 있다. 피부는 그 재료의 신선도를 감별해주는 감각기관이자 조리의 시작점이다. 감정은 피부에서 출발하고, 뇌에서 이름 붙여지고, 다시 몸으로 돌아간다. 이 순환을 끊지 않으려면 피부와 다시 연결되어야 한다. 피부는 감정의 안테나다. 전문가들은 피부관리와 감정관리를 위한 습관이 놀랍도록 유사하다고 말한다. 적절한 운동, 충분한 수면, 스트레스 관리, 균형 잡힌 식사, 이 모든 것은 피부와 감정을 동시에 살린다.

자주 자신의 피부를 느끼고 만져보고, 매일 잠시라도 머리부터 발끝까지 내 몸을 스캔하듯 감각을 자각해보는 것만으로도 뇌의 감각지도가 바뀌고, 에너지 흐름이 달라지고, 감정의 회복력이 생긴다. 감정을 다룬다는 것은 곧 피부를 다룬다는 말이다. 피부를 돌본다는 것은 나의 감정을 다시 회복시키는 감각의 루틴을 다시 시작하는 일이다. 하루 한 번, 내 감정이 깃든 피부를 따라가보자. 그 순간 우리는 생각보다 훨씬 가까이, 감정이라는 시간의 리듬에 닿게 될 것이다.

감정시계 ON: 피부 명상

피부 긴장 이완 명상

1. 신체 스캔하기

- 편안하게 앉거나 눕는다.
- 눈을 감고 머리부터 발끝까지 신체를 스캔하듯 의식을 천천히 이동시킨다.
- 이마와 눈가, 턱과 목, 어깨, 손과 팔, 가슴과 복부, 다리와 발로 이어지며 각 부위에 도달할 때마다 피부 밑에서 올라오는 긴장을 가만히 느낀다.
- 숨을 천천히 들이쉬고 내쉬면서 긴장이 부드럽게 풀어지는 감각을 따라간다.

- 실제로 부위가 이완되는 느낌이 들 때까지 천천히 진행한다.

2. 몸 전체에 부드러운 감각 지도 그리기
- 스캔이 끝난 뒤엔 머리에서 발끝까지 이어지는 감각의 흐름을 되짚는다.
- 피부라는 지도 위에 내가 지금 느끼는 감각의 지형을 그려본다. 어딘가는 가볍고 어딘가는 묵직한 감각의 질감을 받아들인다.

〈지침〉
- 회의 직전, 이동 중, 잠들기 전 1분 정도만 시간을 내어 명상을 반복한다.
- '지금 내 어깨', '지금 내 손끝' 등에 집중하며 스스로에게 피부를 기준으로 질문을 던지는 것이 핵심이다.

FEEL CLOCK

4장

송과체, 하룻밤 사이 마음을 정돈하는 기관

"제 모든 문제는 잠을 못 자서 생깁니다. 잠만 좀 푹 자게 해주세요." 진료실에서 자주 듣는 하소연이다. 수면제 없이 꿀잠을 자보려 안간힘을 써봤지만 모두 허사였다는 사람들. 불면은 견딜 수 없는 고통이다. 밤이 깊어질수록 눈꺼풀은 무겁지만 의식은 또렷해지고 자고 싶다는 욕망은 점점 절망으로 바뀐다. 잠을 못 잘 뿐이지만 삶 전체가 붕괴되는 느낌이다.

이때 많은 사람들은 스스로를 탓한다. 내가 예민해서 그런가? 의지가 부족한가? 하지만 불면은 절대 개인 탓이 아니다. 오히려 수면은 가장 비의지적인 회복 행위다. 잘 자고 싶다고 잘 수 있는

게 아니라는 말이다. 이를 심리적 문제로 축소해서도 안 된다. 수면은 생물학적으로 정교하게 설계된 리듬이다. 리듬이란 곧 시스템이고 시스템은 감정과 깊이 얽혀 있다.

우리는 깨어 있는 시간만을 삶이라 부른다. 수면은 그 삶을 위한 준비, 말하자면 보조 장치처럼 여겨진다. 하지만 실제로는 그 반대일 수 있다. 수면의 효과는 체력 재충전에만 있지는 않다. 수면은 그 자체로 생명 유지 기능이다. 수면 중에는 성장호르몬과 멜라토닌이 분비되고, 면역세포가 활성화되며, 글림파틱 시스템을 통해 뇌 속 노폐물이 제거된다. 기억은 정리되고 감정은 가라앉고 뇌는 불필요한 정보를 비우는 작업을 수행한다. 이 모든 작동은 깨어 있는 상태에서는 불가능하다. 수면은 육체와 정신이 동시에 복원되는 유일한 시간이다.

어떤 이는 각성보다 수면을 더 본질적인 생존 조건이라 말한다. 실제로 과도한 수면으로 사망하는 경우는 거의 없지만, 수면 박탈은 우울과 자살을 유발하며, 심하면 생명 자체를 위협한다. 치사성 불면증은 죽을 때까지 잠들 수 없는 병이다. 발병 시 1년 이내에 사망한다. 수면부족이라는 절망의 끝은 존재 자체의 붕괴다.

그런데 이 중요한 수면을 언제부터 포기해도 되는 것으로 취급해왔을까? 문명의 방향은 지금껏 분명히 더 오래 깨어 있고, 더 많이 보고, 더 빠르게 반응하는 쪽으로 발전했다. 빛은 숭배되고,

어둠은 몰아내야 할 장애물로 전락했다. 수면은 비생산적인 행위로 여겨지고, 숙면은 게으름의 상징처럼 취급되기도 했다.

하지만 감정은 언제나 어둠 쪽에 가까운 감각이다. 수면이 무너지면 감정의 균형도 깨진다. 이 둘은 서로를 떠받치는 관계다. 그리고 바로 이 교차로에 빛의 문제가 발생한다. 빛은 생체시계를 조율하는 가장 강력한 환경 신호다. 우리가 언제 자고, 언제 깨고, 언제 기분이 좋아지거나 가라앉는지는 빛의 패턴에 따라 바뀐다. 이 생체시계를 담당하는 기관이 송과체다.

송과체는 뇌 안쪽, 두 눈 사이 깊은 곳에 위치한 작은 솔방울 모양의 기관이다. 이 기관은 정신과 육체가 만나는 곳이라고 불릴 만큼 감각의 경계에 존재한다. 송과체는 낮과 밤, 외부 자극과 내면 감정 사이에서 우리의 리듬을 조율한다. 그런데 오늘날 우리는 이 송과체의 감각을 거의 잃어버렸다. 밤이 사라진 도시, 푸른빛이 넘실대는 스크린, 감정을 묻어버리는 스케줄. 빛에 사로잡힌 우리는 이제 제대로 된 어둠 속에서 쉬지 못하는 존재가 됐다. 이제 다시 묻자. 우리는 감정을 조율할 수 있는 존재인가? 수면은 그 질문에 대한 신체의 대답이다. 그리고 송과체는 감정의 리듬을 설계하는 생명 안의 시계공이다.

불면은 기침과 같다

잠을 자는 동안 우리 몸과 뇌가 과연 쉰다고 말할 수 있을까? 겉보기에 고요하지만 실제로는 결코 그렇지 않다. 심장이 멈추지 않듯 뇌 역시 쉬지 않고 작동한다. 수면과 각성은 단절된 상태가 아니라 하나의 순환 속에 있는 상호보완적 과정이다. 마치 동전의 양면처럼 둘 중 하나라도 빠지면 삶의 리듬은 붕괴된다. 이 전환을 조율하는 것이 바로 자율신경계, 면역계, 호르몬 시스템이다. 이 세 가지는 몸과 마음을 연결하는 다리이자 낮과 밤을 이어주는 생체의 관문이다.

이 순환의 리듬 중심에는 생체시계가 있다. 바로 송과체와 시상하부다. 송과체는 밤이 되면 멜라토닌 분비를 늘리고 아침이 되면 그 분비를 멈춘다. 이 단순한 리듬이 수면과 각성의 스위치를 켜고 끄는 역할을 한다. 르네 데카르트는 송과체를 정신과 육체가 만나는 지점이라 보았고, 실제로 이 기관은 외부 자극과 내면 감각 사이에서 감정의 리듬을 결정짓는 중추로 작동한다.

보다 구체적인 조율은 시상하부에서 일어난다. 시상하부는 두 눈에서 들어오는 빛 정보를 감지해 좌우 시신경이 교차하는 지점 근처의 시교차상핵을 통해 수면-각성 리듬을 정밀하게 조절한다. 이 핵은 외부 환경의 빛과 어둠을 감지하고 뇌파의 변화를 유도하며, 호르몬을 조율한다. 낮과 밤의 경계를 인식하는 것은 눈이지만 실제로 그 신호를 해석하고 생체리듬을 설정하는 것은 이 작은 뇌의 장치들이다. 낮과 밤은 물리적 개념이 아니라 생리적 감각이다. 우리가 언제 깨어 있고 언제 잠드는지는 시계가 아니라 시상하부와 송과체가 결정한다. 빛을 감지하고 어둠에 반응하며 감정의 리듬을 조율하는, 이 작고 정교한 시스템이 무너질 때 우리는 감정과 생명의 리듬을 잃는다.

수면은 그 자체로 균일하지 않다. 크게는 렘REM수면과 비렘non-REM수면으로 나뉘고, 이 둘은 하룻밤 동안 90~120분 주기로 번갈아 반복된다. 평균 5회 정도 반복되는 이 순환 구조 안에서 우리의 뇌와 몸은 서로 다른 방식으로 회복을 수행한다. 렘수면은 빠른 안구 운동이 특징이다. 눈동자가 초당 수십 회씩 움직이고 뇌파는 깨어 있을 때처럼 활발하다. 하지만 몸은 정지해 있다. 대부분의 근육은 잠시 마비 상태에 빠지는데, 이는 꿈속 움직임이 실제 행동으로 이어지는 것을 막기 위한 안전장치다.

이 기제가 고장 나면 문제는 심각해진다. 꿈에 반응해 몸이 실제로 움직이는 렘수면 행동장애는 자신은 물론 함께 자는 이에게 상해를 입힐 수 있다. 최근에는 이 증상이 파킨슨병이나 알츠하이머병 등 퇴행성 뇌질환의 초기 신호로 나타날 수 있다는 연구도 있다. 또 다른 렘수면 현상인 수면마비, 가위눌림도 마찬가지다. 의식은 깨어 있지만 근육 마비가 아직 풀리지 않은 상태에서 몸이 움직이지 않고 말도 나오지 않으니 강한 공포를 느낄 수밖에 없다.

반면 비렘수면은 뇌와 몸이 보다 깊은 안정 상태에 들어가는 구간이다. 특히 3단계와 4단계에서는 심박수와 호흡이 현저히 느려지고 뇌파 역시 가장 느린 주기로 전환되며 신체는 회복 모드로 들어간다. 꿀잠은 바로 이 비렘수면의 깊이에 좌우된다. 수면 초반부에 집중적으로 나타나는 이 단계는 감정적 회복과 면역력 회복의 기반이 되기도 한다.

수면에서 또 하나 주목해야 할 요소는 꿈이다. 대부분의 꿈은 렘수면 중에 발생한다. 실제로 이 상태에서 누군가를 깨우면 방금 전까지의 꿈을 또렷하게 기억하고 있는 경우가 많다. 꿈을 꾸지 않는다고 말하는 사람도 있지만 기억하지 못할 뿐이다. 우리는 하룻밤 동안 평균 20개 안팎의 꿈을 꾼다.

오랫동안 꿈은 무의식의 메시지를 해석하는 도구로 여겨져 왔다. 정신분석은 꿈을 욕망의 변형된 표상으로 읽어냈고 꿈은 내면의 창이었다. 하지만 최근에는 뇌과학의 관점에서 꿈을 해석하는 방식이 주류가 되고 있다. 활성화-합성 가설이 대표적이다. 뇌가 수면 중 무작위로 발생한 신호들을 조합해 이야기를 구성한다는 이론이다. 꿈이 감정 기억의 정리와 망각을 위한 뇌의 작업이라는 것이다.

DNA 구조를 밝혀내 노벨상을 수상한 프랜시스 크릭Francis Crick은 "우리는 망각하기 위해서 꿈을 꾼다."고 말한 바 있다. 실제로 렘수면 동안 긍정적인 감정은 강화되고 부정적인 감정은 약화된다는 연구들이 그의 주장을 뒷받침한다. 말하자면 꿈은 감정의 편집실이다. 낮 동안 축적된 감정의 파편들을 재배열하고 정리하고 새로이 편집해 다음 날을 살아갈 정서적 여백을 마련해주는 작업이다. "내일은 내일의 태양이 뜬다."는 표현은 수면 중 일어나는 감정 정화 작용을 체감한 인간의 직관을 반영한 것일지도 모른다.

　　이러한 회복이 제대로 이루어지지 않을 때 우리는 그 유명한 불면증이라는 질환과 마주하게 된다. 불면은 단지 잠에 들지 못하는 상태만을 의미하지 않는다. 잠이 들어도 자주 깨거나, 너무 일찍 깨어 다시 잠들지 못하거나, 충분히 잤음에도 개운하지 않은 상태 모두가 불면이다. 기간이 한 달 미만이면 일시적 불면, 그 이상이면 만성불면으로 분류된다. 전 인구의 30% 이상이 일시적인 불면을 경험하고 약 10%는 만성적 불면에 시달린다. 누구나 겪을 수 있지만 누구에게나 고통스럽다.

　　우리는 인과를 반대로 인식하곤 한다. 잠을 못 자니까 예민해졌다고. 하지만 사실은 예민하고 불안하기 때문에 잠들 수 없는 상태인 경우가 더 많다. 실제로 우울증 환자의 60~90%는 불면 증상을 경험한다. 우울이 깊어지면 렘수면과 비렘수면의 주기 자체가 무너지고 꿈의 내용조차 뒤틀리기 시작한다. 수면과 감정은 단절된 기능이 아니다. 한 시스템의 양끝이다. 한쪽이 무너지면 다른 쪽도 함께 붕괴한다.

숙면을 돕는 생활 습관들이 우울증이나 불안장애 같은 정서 장애에도 보조 요법으로 쓰인다. 아침 8시 이전에 햇빛을 쬐는 것, 낮에 적당히 땀 흘릴 정도로 운동하는 것, 밤에는 과식이나 과음을 피하는 것. 자기 전에는 스마트폰을 멀리하고, 침실은 오직 수면을 위한 공간으로 유지하며, 빠른 식사보다는 느린 식사와 간헐적 공복을 실천하는 것. 특히 밤 11시에서 새벽 4시 사이 수면을 확보하는 것이 중요하다. 짧은 낮잠은 도움이 되지만, 잠들기 직전의 격렬한 운동은 오히려 독이 된다. 명상이나 아우토겐 트레이닝, 찬물 샤워처럼 몸의 긴장을 이완시키는 방식도 적절하다. 이러한 루틴은 단지 잠을 잘 자기 위한 생활 습관이면서 감정 조절을 위한 생체 리듬의 재정렬이다.

그러나 이처럼 교과서적인 수칙들을 충실히 지켜도 수면이 개선되지 않는 경우가 많다. 실제로 병원을 찾는 불면증 환자 상당수는 이미 수면위생, 운동, 비약물 요법 등을 충분히 시도해본 이들이다. 이들이 가장 상처받는 순간은 "마음이 약해서 그래.", "열심히 안 살아서 그래." 같은 말을 들을 때다. 수면-각성 리듬은 단순한 노력으로 조절할 수 있는 것이 아니다. 많은 경우 유전적, 생물학적 기질이 작용하고, 불면은 정신질환의 초기 증상 혹은 동반 증상일 수 있다. 실제로 이들은 수면뿐 아니라 인지, 정서, 행동 전반에 걸친 어려움을 함께 겪는다.

    감정의 증상이라는 점에서 불면은 감기의 증상인 기침과 같다. 그래서 불면도 감정 신호에 맞춰 접근해야 하며 의지로 극복하려 해서는 안 된다. 그리고 무엇보다 중요한 원칙이 있다. 일단은 무조건 자야 한다는 것이다. 수면제는 의존성이나 부작용의 우려가 있지만 일정 시간 수면을 확보하지 못한 상태에서 버티는 것이 수면제보다 훨씬 더 해롭다. 진통제가 통증의 뿌리를 제거하지는 않지만 견딜 수 있게 해주듯 수면제는 고통의 악순환을 끊어주는 최소한의 수단이다.

뇌 후면의 조율자

송과체는 수면을 유도하면서 동시에 감정의 이면을 조율하는 기관이기도 하다. 자는 동안에도 감정은 작동한다. 말로 설명되지 못한 감정들이 무의식의 장면으로 재구성되는 시점이 자는 시간이다. 송과체는 멜라토닌뿐 아니라 디메틸트립타민 Dimethyltryptamine, DMT 이라는 신경전달물질의 분비와도 연관된 것으로 알려져 있다. 이

물질은 강렬한 꿈이나 직관, 영적 체험과도 관련 있는 신비로운 물질이다. 아직 그 작용에 대한 과학적 메커니즘은 완전히 밝혀지지 않았지만, 한 가지는 분명하다. 송과체는 인간의 감각 너머에 있는 세계를 상상하게 만든다는 것이다.

감정이 억눌려 말이 되지 못하고 기억에서조차 소거된 상태로 내면에 쌓일 때, 이는 뇌 전면이 아니라 후면에서 작동한다. 꿈은 뇌의 후면에 쌓인 감정의 퇴적층에서 형성된다. 어떤 꿈을 꾸고 나서 이상하게 마음이 가벼워지거나 묘하게 응어리가 해소된다면, 송과체가 분비하는 호르몬이 뇌의 후면을 빗질하여 감정을 정돈해준 것이다. 가령 누군가와 갈등을 겪고 그 문제를 해결한 뒤에도 마음 한구석에 불편함이 남았다면, 이는 갈등이 논리적으로는 정리가 되었지만 감정은 정리되지 않았다는 신호다. 이 해결되지 않은 감정의 울림을 송과체는 자기만의 주파수로 정돈한다. 그 어떤 마음을 뒤흔드는 갈등을 겪더라도 잠을 푹 자고 일어나면 전날만큼 감정이 격하게 일어나지 않는다. 송과체의 조율로 감정의 질감이 달라지기 때문이다.

송과체는 내면의 계절을 정하는 기관이기도 하다. 동물들은 송과체의 작동 주기를 따라 짝짓기 시기, 동면 주기, 털갈이 등을 조절한다. 인간에게도 이 계절 감각은 여전히 남아 있다. 계절이 바뀔 때마다 예민해지거나 감정 변화의 폭이 커지거나 피로와 무력

감에 휩싸이는 사람들도 더러 있다. 봄철의 우울, 가을의 불안은 송과체가 낮의 길이와 빛의 강도를 해석하여 생체리듬을 조정하는 과정에서 일어나는 감정의 파동이다. 이런 변화는 현대 생활의 인공적인 리듬과 충돌하면서 때로는 계절성 정동장애로까지 이어진다. 이는 자연의 리듬을 무시한 문명의 후유증일지도 모른다.

아무리 자도 컨디션이 회복되지 않는다면

감정시계를 작동시키는 태엽으로서 송과체는 정교한 리듬 장치다. 이 작은 샘은 매일 밤 일정한 시간에 멜라토닌이라는 호르몬을 분비하며, 우리 몸에 이제 자도 된다는 신호를 건넨다. 그런데 이 리듬은 외부 세계의 단 하나의 요소, 빛에 절대적으로 의존한다. 낮에 얼마나 자연광을 쬐었는지, 밤에 얼마나 인공광을 차단했는지에 따라 송과체의 작동은 민감하게 요동친다. 특히 아침 햇살은 그날 하루의 생체리듬 전체를 리셋하는 역할을 한다. 단 15분만이라도 햇빛을 직접 눈으로 받는다면 송과체는 그 정보를 받아들이고 약 14시간 후, 즉 밤 시간대가 되었을 때 멜라토닌 분비를 개시한다.

하지만 오늘날 많은 사람들이 하루의 대부분을 실내에서 보낸다. 특히 아침 햇살을 거의 마주하지 않고, 밤에는 스마트폰과 화면의 블루라이트에 노출된 채 잠자리에 든다. 이 모든 것이 송과체의 리듬을 교란한다. 블루라이트는 시각 신경을 통해 시상하부의 시교차상핵으로 전달되고 이는 다시 송과체로 연결되어 멜라토닌 분비를 억제한다. 밤인데도 아직 낮이라고 뇌가 착각하게 되는 것이다. 그렇게 리듬은 꼬이고 감정의 시계도 흐트러진다.

송과체를 감정시계의 태엽으로 잘 보존하고 관리하려면 의외로 간단한 실천들이 필요하다. 첫째는 아침 시간대 햇빛과의 조우다. 커튼을 열고 가능한 한 직접적인 햇빛을 눈에 받아들이는 것만으로도 충분하다. 둘째는 잠들기 2시간 전부터 조명을 최소화하고 화면 사용을 줄이는 것이다. 블루라이트 차단 필터나 안경을 활용하는 것도 효과적이다. 셋째는 음식을 통한 관리다. 멜라토닌은 세로토닌에서 유래하며, 그 전구체는 트립토판이라는 아미노산이다. 트립토판은 칠면조, 바나나, 호두, 우유 등에 풍부하게 들어 있다. 물론 트립토판이 멜라토닌으로 전환되기 위해서는 연어, 감자 등에 함유된 비타민 B_6가 필요하다. 송과체는 빛이라는 시간 신호와 더불어 먹는 방식과 구성에 따라서도 조절 가능하다.

흥미로운 사실은 체온 변화도 송과체와 연결된다는 점이다. 해가 지고 체온이 떨어지기 시작할 때 송과체는 이를 밤의 시작으로 인식하고 멜라토닌 분비를 시작한다. 그래서 저녁 시간대에 약간의 족욕이나 따뜻한 목욕 후 체온이 자연스럽게 떨어지는 시점에 잠자리에 드는 것이 수면 유도에 유리하다. 반대로 실내 온도가 너무 높거나 체온이 과하게 유지된 상태에서는 수면의 질이 떨어진다. 송과체가 체온 신호를 오작동으로 받아들이기 때문이다. 송과체는 낮과 밤, 깨어 있음과 잠듦, 감정의 밀도와 비움까지를 아우른다. 이 장치를 잘 관리하는 일은 우리 안의 시간 감각과 감정의 질서를 회복하는 일과 같다.

오늘 아침 당신은 몇 시에 처음 햇빛을 마주했는가? 하루에 단 한 번이라도 추위로 인해 정신이 번쩍 들었던 순간이 있었는가? 배고픔을 마지막으로 느낀 순간은 언제였는가? 이 세 가지 물음에 모두 명확하게 대답할 수 있는 현대인은 거의 없다. 문명이 고도화될수록 인간은 생존에 필수적인 자극들, 즉 햇빛과 추위, 배고픔으로부터 멀어지게 됐다. 역설적으로 현실에 적응할수록 우리는 생명에 가까운 감각들로부터는 멀어지고 있는 셈이다.

우리 몸의 에너지 공장인 미토콘드리아는 이런 자극에 민감하게 반응한다. 필요한 에너지 양에 따라 공장 규모를 조절하며 유연하게 반응하는 이 기관은 동시에 에너지 생산 과정에서 활성산소라는 유해 부산물을 생성한다. 문제는 이 부산물이 쌓일수록 노화와 염증 발현의 속도가 빨라진다는 것이다. 다시 말해 미토콘드리아가 깨끗하게 작동하려면 에너지를 과잉 생산하지 않아야 하고 이를 위해서는 단순한 감각 자극인 햇빛, 추위, 배고픔이 필요하다.

이 자극들이 남기는 것은 불편함만이 아니다. 이 자극은 인류가 수십만 년에 걸쳐 생물학적으로 학습한 생존 신호이며 신체를 정밀하게 재가동시키는 버튼이다. 수행자들의 수련이나 특수 병력의 훈련에 공통적으로 이 자극들이 활용되는 것도 같은 맥락이다. 생명 유지에 필요한 리듬은 기술이 아니라 감각에서 시작된다. 신체는 그 오래된 패턴을 여전히 기억하고 있다.

우리는 보통 깨어 있는 동안 채우고, 잠들어 있을 때 비운다고 믿는다. 내일을 위해 오늘 밤엔 꺼져 있어야 한다고 생각한다. 하지만 생명은 그보다 정교한 리듬을 따른다. 진짜 꿀잠을 위해 필요한 것은 깨어 있는 동안 비우는 일이다. 감정과 스트레스, 에너지 과잉을 해소하지 못하면 그것들이 곧 수면의 깊이를 방해한다. 수면은 회복이 아니라 결과다. 잘 비워낸 하루만이 깊은 수면으로 이어진다. 그렇게 하루하루의 감정 리듬은 다시 조율된다.

감정시계 ON: 송과체 명상

도리도리 명상

1. 자세 바로잡고 긴장 풀기

- 바닥에 반가부좌나 책상다리로 편히 앉는다. 의자에 앉을 경우, 허리를 등받이에 기대지 않고 바르게 세운다.
- 눈을 감고, 어깨와 목의 긴장을 툭 풀어낸다.
- 몸의 중심이 자연스럽게 아래로 가라앉는다.

2. 고개를 도리도리 천천히 흔들기

- 고개를 좌우로 도리도리하듯 천천히 흔든다.
- 한 번 흔드는 데 3초 정도 걸릴 만큼 느린 속도로, 움직임 하나

하나를 의식한다.

3. 움직임에 몸을 맡기기
- 좌우로만 움직이던 고개를 상하나 원형으로 자유롭게 움직이도록 둔다.
- 일부러 방향을 바꾸려 하지 않고 흐름에 몸을 맡긴다.
- 목으로부터 움직임의 진동을 느낀다.

4. 척추를 타고 내려오는 진동 느끼기
- 목에서 시작된 진동이 척추를 따라 천천히 아래로, 그리고 몸 전체로 퍼져나간다.
- 의식도 머리에서 목으로, 목에서 척추로, 척추에서 등과 골반, 다리 쪽으로 내려보낸다.

5. 단전에서 호흡 마무리하기
- 5분 정도 진동을 느낀 뒤 움직임을 멈춘다.
- 여운에 몸을 잠시 맡긴다. 흔들림이 스스로 사그라들게 둔다.
- 단전에 모인 진동과 의식에 집중하며 숨을 길게 내쉰다.
- 이 호흡을 세 번 반복하며 마무리한다.

〈지침〉

- 아침 햇살 아래에서 하면 효과가 배가된다.
- 외부 리듬인 햇빛과 송과체의 내부 리듬이 공명하면 감정이 정리된다.

5장

척추를 세운다는 것의 철학

프랑스 철학자 장 폴 사르트르는 "인생이란 B(Birth)와 D(Death) 사이에 있는 C(Choice)."라고 말했다. 인간의 삶은 선택의 연속이라는 의미다. 실제로 삶이 고달플 때 우리는 종종 혼잣말처럼 되묻는다. 내가 지금 여기까지 오게 된 건 도대체 어떤 선택들 때문이었을까? 이런 생각이 반복되는 걸 보면 우리가 스스로를 자유의지를 지닌 존재라고, 삶을 능동적으로 선택해온 존재라고 믿고 있는 셈이다.

하지만 정말 그럴까? 혹시 우리가 자유롭게 선택하고 있다고 여기는 그 순간에도 실제로는 자유의지 앞에 어떤 문지기가 지키고 있어 선택의 문을 먼저 열고 닫고 있는 건 아닐까? 의지가 작동하기도 전에 이미 선택의 문은 슬며시 닫혀 있고 우리가 마주하게 되는 건 최선도 차선도 아닌 차악뿐인 상황들이 아닐까. 그렇다면 우리는 선택의 주체가 아니라 그저 이름만 걸어 놓은 바지사장일지도 모른다. 내 삶을 내가 선택한다고 믿고 있지만, 한 발 한 발 다 내가 내린 결정이었지만, 그 모든 선택들이 모여 구성한 내 일상을 돌아보면 이건 분명히 내가 원했던 모습이 아니다. 내 인생이 선택의 결과라면 왜 그 조합이 이렇게 낯설고 실망스러울까.

가장 힘들었던 순간들을 떠올려보자. 분명 그때도 나는 최선을 다해 생각하고 선택했다. 그 선택 하나하나는 따지고 보면 그렇게 틀린 게 아니었다. 그런데 시간이 지나 돌아보면 그 선택들이 쌓여 만들어낸 삶의 풍경은 전혀 예상하지 못한 모양새로 흘러왔다. 그때마다 하늘 한번 쳐다보고 다시 용기 내어 일어나 걷고 뛰어봐도 늘 뒤처지는 느낌을 떨칠 수 없었다. 자존감은 바닥을 기고 주변 사람들의 따뜻한 말마저 얄밉게 들린다. 그들은 내가 어떤 고민 끝에 선택했는지를 모른 채 결과만 보고 훈수를 둔다.

이런 마음은 또 다른 고립으로 이어진다. "이들도 결국 날 이해 못하는구나." 싶은 마음에 가까운 이들을 밀어내게 되고 어느새 인생에 믿을 사람 하나 없다는 절망에 빠진다. 그리고 악순환이 생긴다. 내 선택이 나만 망친 게 아니라 아무 죄 없는 소중한 이들에게까지 영향을 주었다는 걸 알게 될 때 또 다른 선택을 하기가 무서워진다. 이쯤 되면 정말 헷갈린다. 내가 삶을 선택하는 건지 삶이 나를 선택하는 건지. 선택이 내 손안에 있다고 믿는 게 환상처럼 느껴지고 자유의지라는 단어가 공허하게 들린다. 선택이란 참 복잡하고 어렵다. 그 안에 얼마나 많은 두려움과 후회와 혼란이 엉켜 있는지를 떠올리면 조심스러워진다.

주의력이 곧 선택이다

인간이 무언가를 선택할 때 가장 중요한 기능은 주의력이다. 단어 그대로 주의를 주지 않으면 선택 자체가 일어나지 않는다. 주의력이 어디로 향하는가에 따라 선택의 폭과 방향이 결정된다. 다시 말해 주의력이라는 문지기가 어떤 방식으로 문을 열고 닫는가에 따라 선택 가능한 경로가 결정된다. 여기서 주의력의 방향을 바꾸는, 즉 선택을 느끼고 반응하게 만드는 회로로 작용하는 기관이 척추다. 대부분 사람들은 주의력이나 선택이라는 개념을 머리 위쪽, 뇌의 작용으로만 생각하지만 실은 감각과 반응의 정보가 가장 먼저 모이는 곳은 척수다. 척수는 감각과 운동의 중계소 역할을 하며, 특히 위급하거나 무의식적인 상황에서는 뇌보다 먼저 반응한다. 뜨거운 것을 만졌을 때 손을 먼저 빼고 나서야 뜨겁다고 인지하게 되는 것도 이 때문이다. 척추는 신체 전체의 느낌과 움직임을 교차시키는 중심선이자 감정 반응이 올라타는 생물학적 궤도다.

다시 말해 주의력은 뇌에서 지시를 내리는 정신적인 작용이기도 하지만 몸으로부터 올라오는 감각의 물결을 따라가는 물리적인 흐름이기도 하다. 우리가 몸으로 감지한 수많은 신호 중 어떤 것에 주의를 기울이느냐는 그 신호가 얼마나 강렬했는가, 혹은 우리 신체 안에서 어떤 감각 회로를 따라 전달되었는가에 달려 있다. 이는 대부분 척수를 거쳐 올라오고 때로는 뇌를 건너뛰어 곧장 무조건 반사를 일으키기도 한다. 그러니 선택이라는 것도 의외로 이성적인 고민의 결과가 아니라 빠르고 본능적인, 신체 깊은 곳에서 일어난 반응의 결과일 수 있다.

예를 들어보자. 지금 이 글을 몰입해서 읽는 동안 특별한 심장질환이 없는 독자라면 아마 자신의 심장박동에 주의를 기울이고 있지 않을 것이다. 그렇다고 심장이 멈춰 있는 것은 아니다. 지금 이 순간에도 심장은 규칙적으로 뛰고 있다. 잠시 왼쪽 가슴에 손을 얹고 피부에 전해지는 미세한 리듬에 인내심을 갖고 집중해보자. 천천히, 가만히. 그러다 보면 심장박동이 손끝에 전해지는 감각이 인식되기 시작할 것이다. 같은 신체 자극이라 하더라도 주의력이 어디에 머무는가에 따라 그 느낌은 완전히 달라진다. 책에 집중할 때의 느낌과 심장박동에 집중할 때의 느낌은 명백히 다르다. 우리는 감정을 선택하기보다는 주의력을 통해 어떤 느낌에 초점을 맞출지를 선택하고 있는 셈이다.

주의력에는 의도적으로 집중하는 능동적인 차원과 생존에 직결되는 강한 자극에 의해 자동적으로 반응하는 수동적인 차원이 있다. 예를 들어 음악을 들으며 골목길을 걷다가 갑자기 빠르게 다가오는 자전거를 피할 수 있는 것도 주의력이 즉각적으로 위험 자극 쪽으로 전환되기 때문이다. 이때 우리는 주의를 기울이겠다고 결심한 적도 없고 의식적으로 집중한 것도 아니다. 그럼에도 생존 본능이 주의의 방향을 바꾸게 만든다. 감정이나 느낌은 고정된 실체가 아니라 내면의 수많은 신호들 중 주의력이 어떤 신호에 초점을 맞추는지에 따라 달라지는 결과물이라고 할 수 있다. 우리가 어떤 것을 느낀다고 말할 때 그 이면에는 수많은 신호 중에서 주의력이 어떤 하나를 골라낸 선택의 흔적이 있다. 그러니 주의력 없이는 선택도, 감정도, 자기이해도 성립할 수 없다.

주의란 주관적이거나 객관적으로 인식되는 수많은 정보들 가운데 특정한 측면에 선택적으로 집중하고 동시에 나머지 자극들을 무시하는 인지적이자 행동적인 과정이다. 인지심리학에서 주의를 기울인다는 것은 단순한 집중 이상을 의미한다. 어떤 자극을 선택할 것인지, 그 자극에 얼마만큼 몰입할 수 있는지, 그 몰입이 얼마나 오래 지속될 수 있는지, 그리고 그 과정을 자의적으로 얼마나 조절할 수 있는지. 이 네 가지 요소가 복합적으로 상호작용하는 과정이다. 감정이 느낌으로 전환되는 경로는 내부감각이라는 길을 따라 움직인다. 그리고 그 내부감각의 길목에서 신호를 관리하는 존재가 바로 주의력이다. 감정과 느낌 사이에는 언제나 내부감각과 주의력이 함께 작동하고 있는 것이다. 우리가 어떤 감정을 인식하고 느끼고 그에 반응하는 과정은 사실상 주의력이라는 문지기의 개입 없이는 일어날 수 없는 일이다.

우리는 감정을 느끼지 않는다

주의력은 자세와도 밀접하게 연결되어 있다. 우리가 어떤 신호에 주의를 기울이는가 하는 문제는 실제로는 지금 내 몸이 어떤 형상으로 존재하고 있는가와도 맞닿아 있다. 여기서 척추는 결정적인 역할을 한다. 척추는 단지 신경의 통로만이 아니라 주의가 머무는 물리적 틀이다. 자세가 움츠러들면 감각도 움츠러든다. 반대로 척추가 곧게 펴지고 시야가 넓어지면 주의력은 외부로 뻗어 나가며 감각의 스펙트럼도 확장된다.

이는 생리적인 사실이다. 척추의 정렬은 감정 조절에 관여하는 자율신경계, 특히 미주신경의 활성도에 영향을 준다. 척추가 구부정하면 교감신경계가 긴장 상태를 유지하고, 이로 인해 불안, 위축, 짜증 같은 감정이 더 쉽게 유발된다. 반대로 등을 곧게 펴고 몸의 중심을 안정적으로 세우면, 미주신경의 신호가 원활해지고 감정의 파고도 한결 부드러워진다. 요컨대 감정은 척추를 축으로 삼아 정렬된 신체적 리듬 속에서 더 잘 감지되고 더 다르게 구성된다. 감정 역시 그 중심을 따라 발현된다. 이때 주의력은 신체적 정렬 위에서 발생하는 감각적 초점이다. 우리가 어떤 감정에 머물 것인가 하는 문제는 결국 지금 내 자세가 어떤 감정을 허용하고 있느냐와 깊이 연결되어 있다.

우리는 매일 수많은 선택을 한다. 점심 메뉴 같은 사소한 선택부터 삶의 방향을 결정짓는 중대한 선택까지. 그런데 이 모든 선택이 정말 우리의 의지와 판단에 따라 이루어진 것일까? 심리학자들은 이에 회의적인 입장을 취한다. 특히 '선택맹 choice blindness'이라 불리는 현상은 우리가 내렸다고 믿는 결정조차 실제로는 그렇지 않을 수 있음을 보여준다.

2010년, 스웨덴 룬트대학교의 라르스 홀 Lars Hall 교수팀은 참가자들에게 두 장의 여성 사진을 보여주고 더 마음에 드는 사진을 고르게 한 뒤, 몰래 사진을 바꿔치기하고 선택의 이유를 설명하게 했다. 놀랍게도 대부분의 참가자들은 자신이 선택하지 않은 사진 앞에서 그럴듯한 이유를 늘어놓았다. "눈빛이 친절해 보여서요."라며 확신에 차서 대답했다. 자기가 한 선택이 아니었음에도 선택을 정당화하고 있었다. 이 실험은 우리가 스스로 인식하지 못하는 방식으로 감정과 인지가 오작동한다는 사실을 명확히 보여준다.

선택은 종종 실제의 감정 흐름과 무관하게 사후에 만들어진 이야기로 보충된다. 흥미로운 건 이러한 선택맹이 인지의 오류가 아니라는 점이다. 그 기저에는 감정 정보의 흐릿함, 감정을 포착하는 주의력의 결함이 있다. 우리는 어떤 감정이 일었는지 파악하지 못한 채 결정을 내리고 그 결정을 합리적 판단인 양 설명한다. 감정의 맥락을 무시하고 내려진 선택은 결국 정체성의 흔들림으로 이어진다.

주의력은 감정을 인식하기 위한 자원이지만 왜곡되기 쉽다. 특히 현대인의 일상은 외부 자극이 넘쳐나는 환경으로 주의력을 산만하게 만든다. 누군가가 "오늘 기분 어때요?"라고 물었을 때 우리는 자신의 진심을 들여다보기보다 적절한 사회적 답변을 찾는다. "그럭저럭 괜찮아요."라고 말하게 되는 것이다. 감정이 흐릿해지고 주의력은 타성에 젖는다. 자기도 모르게 표면적인 자극에 따라 선택하게 된다.

이 감정의 흐릿함은 마음의 문제이면서 몸의 문제이기도 하다. 감정은 본디 몸에서 시작되는 신호다. 하지만 우리가 몸으로부터 올라오는 신호를 놓치면 감정도 선택도 흐릿해진다. 특히 척추는 이런 신호의 흐름과 감정의 명료성에 결정적인 역할을 한다. 척추는 몸의 중심축이자 내부감각이 가장 먼저 관통하는 경로다. 자세가 구부정하면 감정 신호도 위축된다. 반대로 척추를 정렬하고 몸의 중심을 세우면 감정의 흐름이 또렷해지고 주의력의 방향도 선명해진다.

감정과 느낌, 그리고 주의력은 상호작용하며 공존한다. 그러나 이들 사이에는 언제나 충돌과 엇갈림이 존재한다. 이런 복잡한 상호작용을 풀기 위해 한 가지 질문을 던져보자. 느낌은 '느끼는 것'일까, '느껴지는 것'일까? 대부분의 사람들은 직관적으로 '느끼는 것'이라 대답하겠지만 실제로 감정은 종종 의지와 무관하게 다가온다. 감정은 나를 경유해 들어오지만 그 자체가 내가 선택한 것은 아니다. 그런 점에서 감정은 오히려 '느껴지는 것'에 가깝다.

이 차이를 제대로 인식하지 못하면 우리는 모든 감정을 내 판단과 선택의 결과라고 착각하게 된다. 주의력이 감정신호를 정확히 포착하고 선별하고 있다고 믿는 순간 선택맹의 문턱에 들어선다. 감정은 언제나 내 안에서 먼저 일어난다. 그리고 주의력은 그 흐름 중 일부에만 스포트라이트를 비춘다. 감정이 흘러들고 나서야 우리는 그것을 '느낀다'고 말할 수 있다. 이 인식의 지연이 감정 판단의 왜곡을 만든다.

척추는 정신과 같이 무너진다

감정과 주의력의 관계를 더 선명하게 보기 위해 주의력에 문제가 생겼을 때 감정과 느낌이 어떻게 달라지는지를 살펴볼 필요가 있다. 대표적인 사례가 ADHD다. ADHD 환자에게는 주의력뿐 아니라 감정의 인식과 조절에도 뚜렷한 문제가 나타난다. ADHD 환자들은 감정을 세밀하게 표현하기 어려워하고, 감정이 격하게 분출되거나 급격히 고조되며, 타인의 정서적 신호에 과도하게 반응하거나 무감각해지기도 한다. 이처럼 주의력은 감정의 통로이자 조절자로 작동한다.

그런데 ADHD 환자에게 발생하는 주의력 문제는 선택보다 억제 행위와 관련되어 있다. 주의력이란 수많은 감각 자극 중에서 선택할 것을 골라내는 동시에 그 외의 자극은 억제하거나 무시하는 기능이다. 억제 기능이 무너지면 감정은 여과 없이 밀려든다. 뇌는 그것을 제어하지 못해 반응에만 몰두하게 된다. 그래서 ADHD 환자에게는 아이러니하게도 산만함과 과몰입이 공존한다. 억제가 되지 않으면 감정도, 선택도, 사고도 전부 쏟아져 들어와 감정과 느낌의 구분이 무너지게 된다.

이 과정에 척추는 어떤 역할을 할까? 일반적으로 주의력은 전두엽의 기능으로 여겨지지만, 그 기반은 신체 전체의 감각 안정성과 밀접하게 연결되어 있다. 특히 자세의 안정성, 몸의 중심 유지 능력, 그리고 감각 자극에 대한 필터링 능력은 주의력과 감정 조절 능력의 물리적 토대다. ADHD 환아들이 몸을 꼿꼿이 세우지 못하고 끊임없이 자세를 바꾸거나 불안정한 중심에서 반사적으로 몸을 움직이는 행동을 보이는 것도 이와 관련이 있다. 실제로 최근의 신경생리학 연구는 척추의 정렬 상태와 자세 안정성이 전정계, 고유감각계, 미주신경계와 연결되어 있으며, 이 감각 통합 시스템이 주의력의 유지와 감정의 억제에 영향을 준다고 본다. 척추를 중심으로 한 감각 통합이 잘 작동하면 뇌는 과도한 자극에 압도되지 않고 중요한 신호에만 집중할 수 있게 된다. 반대로 척추 정렬이 무너지고 몸의 중심이 흔들릴 때 주의력은 외부 자극에 휩쓸리기 쉬워지고 감정 또한 조절 불가능한 파도처럼 휘몰아치게 된다.

감정과 주의력이 어지러워질 때 문제를 뇌에서만 찾을 수는 없다. 이 문제는 척추를 통해 몸 전체가 어떤 중심을 유지하고 있는가, 그리고 그 중심이 얼마나 안정적으로 감각 신호를 조율해내고 있는가를 따져보게 한다. ADHD는 그 조율 메커니즘이 지속적으로 흔들리는 상태라고 할 수 있다. 우리는 감정의 문제를 의지나 성격의 탓으로 돌리지만 그보다 먼저 봐야 할 것은 신체의 리듬, 그중에서도 척추가 만들어내는 중심감각이다. 감정의 태엽이 느슨할 때 주의력이라는 바늘도 헛돈다. 그리고 그 흐트러짐은 선택의 착시로 이어진다. 우리가 느껴야 할 감정을 놓치고, 읽어야 할 신호를 지나친다. 습관적 판단과 타성에 물든 해답만 찾게 된다.

척추는 감정을 지탱하고 주의력을 보존하며, 선택을 가능하게 하는 눈에 보이지 않는 기둥이다. 척추가 무너지면 감정은 뭉개지고 주의력은 흩어진다. 집중하지 못한다는 느낌이 들 때 사실은 중심을 잃은 것일 수 있다. 그래서 뇌를 단련하는 것만큼이나 몸을 훈련해야 한다. 특히 척추를 중심으로 한 고유수용감각, 몸이 공간 안에서 어디에 있는지 스스로 인식하는 능력이 살아 있어야 감정이 자기 자리를 찾아간다. 여기에 자세 감각이 더해지고 뇌가 몸 전체의 균형을 재조정하는 중심감각통합이 제대로 작동해야만 우리는 비로소 감정을 느끼는 상태에 도달할 수 있다. 다시 말해 감정이 뇌에서 해석되기 전에 몸에 자리를 잡아야 한다. 척추가 정렬되어야만 감정이 선명해진다는 뜻이다.

주의력 역시 마찬가지다. 주의력이란 정보를 고르는 능력이 아니라 불필요한 자극을 자르는 능력이다. 다시 말해 선택의 기술이 아니라 커팅 cutting의 기술이다. 잘라내고, 무시하고, 억제하는 능력. 중심이 흔들리면 이 커팅 감각은 사라지고 우리는 끝없이 감정의 노이즈에 휘둘리게 된다. 그래서 척추를 바로 세우는 일은 곧 감정 필터를 재정렬하는 일이기도 하다. 감정을 느끼기 위해서 먼저 중심을 느껴야 한다.

이때 실전적으로 활용할 수 있는 전략이 Monitor, Mask, Move를 일컫는 3M 메서드다. 먼저 나를 감지하라(Monitor). 오늘 내가 어떤 자세로 앉아 있는지, 어떤 감정에 갇혀 있는지 모니터링하는 것만으로도 척추는 반응을 시작한다. 다음은 우선순위가 아닌 걱정, 생각, 부정적 감정이라는 노이즈를 잠시 차단하라(Mask). 마지막은 움직여라(Move). 무거운 의식을 견디기보다 가벼운 움직임으로 의식을 흘려보내는 것이다.

거기에 다음과 같은 운동을 루틴에 더해주는 것도 좋다. 요가는 척추의 정렬을 회복한다. 필라테스는 주변의 작은 근육들을, 특히 자세유지근을 단단하게 만들어 중심을 안정시킨다. 브릿지, 소고양이 자세 같은 기본 동작들만으로도 고유수용감각은 다시 깨어난다. 이때 정교함보다 반복이 우선이다. 반복 속에서 몸은 감정의 토대 위에서 중심을 되찾는다.

잘 고른 운동 한 가지보다 자주 고친 자세 한 번이 더 크고 깊은 변화를 만든다. 척추를 느끼는 감각이 깨어날 때 우리는 비로소 내 감정을 선택할 수 있게 된다.

감정시계 ON: 척추 명상

대나무 한 발 서기 명상

1. 중심 잡고 한 발 들기

- 편안히 선 자세로 한쪽 발을 천천히 들어 올린다.
- 다른 한쪽 발로 체중을 지탱하며 중심을 잡는다.
- 근육의 미세한 떨림, 흔들림, 균형감각에 주의를 기울인다.

2. 척추를 스캔하듯 느끼기

- 척추를 곧은 대나무라고 상상한다.
- 어깨에 힘을 빼고 턱을 살짝 뒤로 당기며 자세를 잡는다.
- 대나무에 빛을 비추듯, 경추부터 미추까지 하나씩 스캔하며

척추 상태를 느낀다.

3. 호흡에 집중하기
- 들숨은 코로, 날숨은 입으로 쉰다.
- 척추를 누른다는 느낌으로 날숨을 뱉는다.
- 위로 곧게 뻗은 척추를 정수리에서 아래로 지그시 누른다고 상상한다. 그 힘이 뇌를 자극하는 느낌에 집중한다.

4. 감각 연결하기
- 몸을 지탱하는 발바닥의 압력이 무릎, 골반, 척추를 따라 올라가 뇌에 닿는 경로를 그린다.
- 그 경로가 감각의 통로라고 상상한다. 감정이 척추를 중심으로 정렬된다.

5. 반대쪽 발로 반복 & 눈 감고 시도하기
- 중심이 흔들리거나 피로해지면 반대쪽 발로 바꿔 동일한 과정을 반복한다.
- 이 과정이 익숙해지면 눈을 감고도 시도한다.

대나무 중심 잡기 명상

1. 앉기 전, 척추 감각 깨우기 (30초~1분)

- 일이나 공부를 시작하기 전에 잠시 서서 눈을 감는다.
- 어깨는 힘을 빼고, 턱은 가볍게 당기며, 아랫배엔 살짝 긴장감을 유지한다.
- 골반의 양쪽 아랫부분인 좌골 주변에 의식을 집중한다.
- 그 부위에 아주 작은 진동을 주듯 앞뒤로 천천히 흔든다.
- 진동이 척추 위로 전달된다고 상상한다.
- 대나무가 된 척추가 정수리에서 위로 곧게 뻗는다고 상상한다.

2. 척추 감각 유지하기

- 일하면서 척추 상태를 점검한다.
- 대나무가 휘어지거나 마디마디가 끊긴 듯한 느낌이 든다면 자세가 무너졌다는 신호다.
- 그럴 땐 아랫배를 조이고, 턱을 당기고, 척추에 다시 미세한 진동을 보내본다.
- 몇 초간의 감각 회복만으로도 중심이 다시 살아난다.

3. 자세가 무너졌을 때의 리셋 루틴

- 자세가 완전히 무너졌거나 불편한 감각이 들면 자리에서 일어난다.
- 대나무 한 발 서기 명상을 10~20초 정도 실행한다.
- 굳은 근육을 풀고 척추 감각을 깨운다.

대나무 효자손 명상

1. 발에서 뇌까지 감각 흘리기

- 걸으면서 발바닥이 땅을 디디는 순간에 집중한다.
- 어깨에 힘을 빼고, 턱을 뒤로 살짝 당긴다.
- 시선은 정면을 향한다.
- 아랫배에 중심을 싣는다.
- 그 압력이 발에서 무릎, 허벅지, 골반, 미추, 천추, 요추, 흉추, 경추를 따라 뇌까지 올라간다고 상상한다.

2. 척추를 대나무 효자손으로 상상하기

- 척추를 길고 곧은 대나무라고 상상한다.
- 걸을 때마다 대나무가 위로 보내는 진동이 머리에 닿는다.

- 흔들리는 대나무가 머리를 마사지하듯 두드려서 머리가 시원해진다. 효자손처럼 뇌의 안쪽을 시원하게 긁어준다.

FEEL CLOCK

6장

편도체,
우리 안의 야생

 감정은 인간의 몸과 마음을 꿰뚫는 가장 원초적인 신호다. 문화, 인종, 세대, 지역의 차이를 넘어 인간이라면 누구나 슬픔, 행복, 분노, 두려움, 혐오 같은 기본 감정을 공유한다. 그렇다면 우리는 왜 감정을 느끼도록 설계되었을까? 감정의 목적은 무엇인가? 이에 명확하게 답할 수 있는 사람은 없다. 그것이 총체적 삶의 반영을 요청하기 때문이다. 감정은 나 그 자체는 아니지만 분명히 나를 구성하고 움직이는 힘이다.
 편도체는 인간의 감정시계에서 가장 중요한 태엽에 해당한다. 뇌의 측두엽 깊숙한 곳에 위치한 아몬드 모양의 이 기관은 공포,

분노, 불안을 감지하고, 그것에 반응하는 생존 경보 시스템이다. 우리가 누군가의 눈빛을 보고 순간적으로 불쾌함을 느끼거나 위험한 상황에서 몸이 먼저 움찔하는 것도 편도체의 작업이다. 편도체는 감각기관을 통해 들어온 정보를 무의식적으로 스캔한 후 즉각적으로 반응한다. 필요하다면 이성을 거치지 않고 바로 행동을 유도하기도 한다. 일단 살고 봐야 하기 때문이다. 고대 인류의 생존을 책임졌던 이 태엽은 지금도 쉬지 않고 작동 중이다.

문제는 편도체가 늘 정확하게 반응하는 것은 아니라는 점이다. 현대사회에서 편도체는 종종 과잉 작동한다. 몸이 위협을 느끼는데 실제로는 위협이 아닌 경우가 많다. SNS의 댓글, 직장 상사의 표정, 작은 실수 하나에도 편도체는 쉽게 경보를 울린다. 그래서 감정의 태엽은 자주 과도하게 감긴다. 반면 감정시계는 너무 빠르거나 너무 느리게 움직인다. 편도체라는 태엽을 관리하지 않으면 감정의 시계가 제멋대로 돌아가게 된다. 우리에게는 태엽을 건강하게 감고 필요할 때 적절히 풀어주는 기술이 필요하다.

교과서적으로 정리하자면 감정의 목적은 생존이다. 위험에 빠졌을 때 빠르게 반응하고 변하는 환경에 적응하기 위해 감정은 진화해왔다. 하지만 우리가 일상에서 겪는 감정을 돌아보면 꼭 그런 감정들이 생존에 유리하다고만 보긴 어렵다. 불안, 수치심, 무기력처럼 우리를 괴롭히는 감정들은 도리어 삶의 활력을 떨어뜨리는 것처럼 느껴진다. 생존에 필요하다면 왜 인간은 그런 감정들을 억지로 견디게 되었을까? 왜 오랜 진화를 거쳤음에도 감정은 줄어들지 않고 오히려 복잡하고 섬세해졌을까?

한편 우리가 느끼고 싶어 하는 감정들, 이를테면 기쁨이나 평온함은 어떻게 그 치열한 생존 경쟁 속에서 살아남았을까? AI처럼 필요 없는 감정을 아예 제거하거나 원하는 감정만 선택해서 느낄 수 있다면 인간의 삶은 지금보다 훨씬 효율적일 수 있었던 건 아닐까? 하지만 인간의 감정 시스템은 그런 식으로 단순화되지 않았다. 쾌락과 고통은 항상 함께 움직인다. 감정은 그 사이에서 균형을 잡는 장치로 기능해왔다. 기쁨을 깊이 느낄수록 고통도 따라 깊어지고, 고통이 바닥을 찍고 나면 기쁨과는 뜻밖의 방식으로 가까워지는 이율배반적 구조다.

고통적금으로 진짜 고통에 대비하라

나는 여기서 '고통적금'이라는 개념을 제안하고 싶다. 감정이란 생존을 위한 신호 시스템이고 그 신호는 늘 고통과 쾌락 사이의 저울질을 통해 나를 움직인다. 그렇다면 이 저울의 균형을 무너뜨리지 않기 위해 우리는 무엇을 할 수 있을까? 고통적금은 의도적으로 감당 가능한 고통을 매일 조금씩 적립할 방책이다. 진화가 허락한 감정 시스템을 우리에게 유리한 방식으로 운용하기 위한 전략이기도 하다. 몸과 마음이 불편함에 익숙해질수록 갑작스러운 감정의 파도 앞에서 휘청이지 않을 수 있다. 준비된 고통은 무방비하게 맞닥뜨리는 고통과는 다르게 작용한다.

감정의 목적을 더 세밀하게 이해하려면 우리가 어떤 감정을 어떻게 사용하고 있는지를 들여다봐야 한다. 그중에서도 분노는 인간에게 가장 강력하고 양면적인 감정이다. 한 번의 폭발로 삶 전체를 망칠 수도 있지만 어떤 경우에는 세상을 바꾸는 동력이 되기도 한다. 평화주의자로 알려진 마하트마 간디는 생전에 분노를 어떻게 다룰 것인가를 자주 강조했다. 그의 손자인 아룬 간디 Arun Gandhi가 집필한 책 《분노 수업》은 분노를 조절하고 긍정적인 에너지로 전환하는 방법을 통해 감정을 제대로 표현하는 법을 이야기한다.

우리는 언제 분노하며 분노를 어떻게 다루고 있는가? 간디처럼 분노를 자기 수양과 성장의 연료로 삼는가? 왜곡된 방식으로 표출하며 일시적인 해소감만 기대하는가? 사람들은 자신이 왜 화가 났는지 잘 안다고 생각한다. 그러나 실제로는 그렇지 않은 경우가 더 많다. 우리는 분노를 폭발시킨 뒤에야 죄책감에 휩싸인다. 만약 분노의 이유가 분명하고, 그것을 정당한 방식으로 표현했다면 죄책감은 따라오지 않는다. 죄책감은 지금 그 감정을 잘못 썼다고 경고하는 이성의 신호다. 원인을 설명할 수 없는 분노야말로 삶을 파괴하는 주범이다. 스스로도 왜 화가 났는지 정확히 알지 못한다. 감정을 억누르려 해도 자꾸 튀어나오고, 드러내고 나면 개운하기는커녕 죄책감이 남는다. 죄책감이 반복되면 결국 사람들은 나를 '쉽게 화내는 사람', '감정을 조절하지 못하는 사람'으로 낙인찍는다.

여기서 편도체는 또 다른 방식으로 개입한다. 편도체는 위협을 감지하고 경고를 보내는 역할을 하지만, 한 번 과열되면 스스로를 멈추지 못한다. 편도체는 반복해서 신호를 증폭시킨다. 이미 충분히 분노를 표현했는데도 여전히 속에서 불쑥불쑥 화가 올라온다. 이 기관은 상황이 종료되었다는 신호를 잘 받지 못한다. 그래서 싸움이 끝나도 몸은 계속 긴장하고, 대화가 끝났는데도 머릿속에서는 수십 번씩 그 장면을 반복 재생한다. 이는 편도체의 '정서 루핑 emotional looping' 때문이다. 일단 한번 감정적 스위치가 켜지면 이 태엽은 스스로 멈추지 않는다. 브레이크를 걸어주는 건 해마와 전전두엽의 몫인데 편도체가 너무 빠르게 돌아가면 이 회로는 작동하기 어렵다.

감정 중 분노는 생존을 위한 것이지만, 그 사용법을 잘못 익히면 사회적 생존을 위협한다. 분노를 터뜨리는 순간 우리는 일시적인 쾌감을 느낀다. 하지만 그 쾌감은 곧장 죄책감으로, 혹은 상대가 보복할지도 모른다는 불안으로 이어진다. 고통에서 벗어나기 위해 선택한 일이 또 다른 고통의 시작이 된다. 이 악순환은 결국 우리를 지치게 만들고, 감정 자체에 대한 불신을 낳는다. 이 순환에서 완전히 벗어나려면 두 가지 조건이 필요하다. 하나는 내가 사이코패스처럼 죄책감을 느끼지 않는 존재일 것. 다른 하나는 상대가 해를 끼칠 수 없을 만큼 내가 권력을 가진 존재일 것. 둘 중 하나라도 만족되면 분노의 방출은 비교적 간단해진다. 하지만 대부분 사람들은 이 둘 중 어디에도 속하지 않는다. 분노를 방출하는 선택은 늘 지속적인 고통을 낳는다.

그래서 다른 방법이 등장한다. 바로 고통을 견디는 것이다. 불안하고 불편한 감정을 참고 버티는 일은 쉽지 않다. '기싸움'이란 결국 이 견딤을 통해 타인이 나를 감정적으로 몰아붙이는 힘을 억제하는 것이다. 그리고 때때로 예상치 못한 효과도 따라온다. '화를 안 내는 사람이 더 무섭다', '카리스마가 있다'는 식의 평가를 받을 가능성이다. 물론 이런 결과는 상대의 성향에 따라 달라지지만, 분노를 참음으로써 미래의 쾌락을 얻는 전략이 될 수도 있다.

문제는 이 방식도 완벽하지 않다는 점이다. 분노를 표현했을 때 예상되는 고통이 너무 크거나 결과가 불확실해 보이면 보통은 표현을 억제하는 쪽을 택한다. 이는 일종의 자기보존 전략이다. 더 큰 고통을 피하고자 작은 고통을 스스로에게 부과하는 방식이다. 그런데 우리는 분노만 억누르지 않는다. 그와 함께 밀려오는 불안, 수치심, 두려움 같은 감정까지 함께 눌러야 한다. 감정의 스위치를 하나만 내릴 수는 없다. 편도체는 감정 스위치를 분리해서 다루지 않는다. 분노를 눌러버리면 편도체는 그와 함께 따라오는 부수적인 감정들까지 뭉뚱그려 저장해버린다. 억눌린 감정은 결국 몸 안에 축적된다. 그렇게 감정의 독소가 쌓이다 보면 화병 같은 형태로 신체화되기도 한다. 이쯤 되면 처음의 전략은 실패한 것이 된다. 표출해도 문제고, 참아도 문제다. 그렇다면 우리는 어떻게 해야 할까?

여기서 다시 고통적금의 개념으로 돌아가야 한다. 고통을 감당할 수 있을 만큼 조금씩, 반복적으로 적립해두는 것이다. 하루에 몇 번씩 의도적으로 작은 불편을 경험하고 스스로를 조율하는 연습을 한다면 감정의 저울은 더 이상 극단으로 기울지 않는다. 갑자기 몰아치는 분노에도 덜 휘청인다. 감정의 스위치를 완전히 끄는 것이 아니라 조도를 조절하듯 부드럽게 다루는 힘이 고통적금의 핵심이다. 편도체의 감정 스위치를 켜고 끄는 법을 몸으로 익히는 과정이기도 하다.

또 다른 방법은 감정을 직접 다루지 않고 피하는 것이다. 고전 병법서인 《36계》에는 "여의치 않으면 피하라."는 구절이 있다. 이것은 분노의 무게를 애초에 저울에 올리지 않는 방식이다. 감정의 무게를 재는 순간 우리는 그것을 처리해야 한다. 그러나 피하기를 선택하면 저울에 올리기 자체를 유예할 수 있다. 그래서 많은 사람들은 반응할지 말지 판단이 서지 않을 때 잠시 물러서는 전략을 택한다. 상황 자체에서 빠져나오거나, 시간을 벌거나, 반응의 강도를 스스로 낮추는 것이다. 요즘 심리학에서도 이 방식은 비교적 권장되는 접근법으로 받아들여지고 있다. 분노를 터뜨리는 것도, 억누르는 것도 어려운 상황에서는 회피가 유일한 방법일 수 있다. 회피 전략은 감정적 반복을 잠시 멈추는 정지 버튼 역할을 한다. 편도체의 루핑 회로가 멈추지 않을 때는 아예 저울 자체에서 내려오는 것이 더 현명할 때도 있다.

감정의 저울질은 단순한 본능적 반응을 넘어서 사회적 합리화와 연결된다. 자신의 느낌을 정당화하고, 타인의 감정을 판단하며, 무리를 형성하고, 때로는 편을 가른다. 이 과정에서 감정은 개인을 넘어 사회의 균형을 조정하는 장치가 되기도 한다. 감정은 모두 생존을 위한 본능적 메커니즘이다. 분노가 우리에게 경고를 보내고 행동의 동기를 제공하듯 공포 또한 생존의 필수 신호다. 그런데 그 공포가 일정 수준을 넘어 극단에 도달하면 인간은 공황발작이라는 감정적 폭발을 경험한다.

일상적 죽음의 공포에 휩싸이고 싶지 않다면

공황발작은 생존 본능이 과잉 반응한 상태다. 신체와 정신이 동시에 경계의 한계를 돌파하며 통제 불가능한 반응을 일으킨다. 공황발작을 겪는 사람들은 임사체험과 비슷한 감각을 호소한다. 좁은 공간에서 숨이 막히고 시야가 흐려지고 과거의 기억들이 파노라마처럼 스쳐 지나가며 죽음이 코앞까지 다가온 것 같은 착각을 경험한다. 겨우겨우 응급실에 도착해도 검사 결과는 멀쩡하다. 남는 건 신경안정제 처방과 정신과 예약 날짜뿐이다. 이 반복은 사람을 더 깊은 고립으로 몰아넣는다. 가족과 주변 사람들에게 공감받지 못하고 자기 안에 갇히게 된다.

공황 역시 생존 본능의 연장선이다. 우리 몸은 극단적 위협을 감지하면 투쟁-도피 fight-or-flight 시스템을 발동한다. 공황은 이 시스템이 과잉 작동한 결과다. 문제는 그 위협이 실제가 아니라 심리적 불안이나 내면의 압력에서 비롯되었을 때다. 실재하지 않는 위험을 감지한 몸은 오히려 거칠고 과격하게 경고등을 켠다. 공황발작은 '지금 반드시 살아남아야 한다'는 몸의 마지막 신호다. 이 극단적 고통을 통해 우리는 경계가 무너졌다는 사실을 깨닫게 된다. 약물치료나 심리치료도 몸이 보내는 신호를 이해하고 다시 조율하기 위한 생존 방편이다.

여기서도 편도체가 역할을 한다. 편도체는 두려움을 학습하고 기억한다. 문제는 편도체가 한 번 학습한 공포를 쉽게 잊지 않는다는 점이다. 신경과학에서는 이를 '회피 기억 avoidance memory'이라고 부른다. 특정 상황에서의 공포를 반복해서 경험하면 편도체는 해당 상황을 아예 회피해야 할 대상으로 고정해버린다. 이렇게 형성된 회피 회로는 무의식적이다. 몸은 논리적으로 위험을 검토하지 않는다. 편도체가 기억한 두려움의 흔적만으로 즉각 반응한다. 그래서 우리는 때때로 내가 왜 이렇게까지 그것을 피하고 있는지를 스스로도 설명하지 못한다.

더 복잡한 문제는 편도체의 가소성이다. 편도체는 학습을 통해 강화되기도 하지만, 훈련을 통해 길들일 수도 있다. 이 기관은 반복되는 자극에 반응한다. 감정적 회피가 습관화되면 편도체는 점점 더 작은 자극에도 과민하게 군다. 하지만 의도적으로 감정의 불편함을 조금씩 적립하고 견딜 만한 고통을 반복해서 경험하면 편도체는 불필요한 경보를 점점 줄인다. 이를 편도체의 감정조율 가소성이라고 부른다. 감정의 회로도 근육처럼 훈련된다.

우리는 감정의 태엽이 과도하게 감기지 않도록 매일 조금씩 조치해야 한다. 쾌락과 고통의 저울을 한 번에 조정하는 건 불가능하다. 작게 반복적으로 조율해야 한다. 의도적으로 감당 가능한 불편을 매일 적립하여 감정시계가 과부하되지 않게 하는 것이다. 고통적금은 감정 회로의 과열을 방지하는 루틴이다. 스스로 고통의 강도를 조절하는 연습을 하면 편도체의 반응도 점점 낮아진다. 이 연습이 없다면 편도체는 자꾸만 과거의 위협을 호출하고, 이번에도 늑대가 왔다는 거짓 경보를 울릴 것이다.

우리가 해야 할 일은 감정의 경보를 없애는 것이 아니라, 조율하는 것이다. 감정의 항상성을 유지하는 훈련이 필요하다. 체온, 혈압, 심장박동을 유지하는 것처럼 감정도 조율해야 한다. 우리는 더 이상 야생동물의 위협에만 반응하는 존재가 아니다. 사회적 생존, 정서적 생존, 관계 속에서의 존재감까지 모두 감정의 저울에 올라와 있다. 편도체는 그것을 느끼고 있다. 그렇기 때문에 우리는 의도적으로 감정의 태엽을 풀어줘야 한다. 고통을 줄이는 법이 아니라 고통을 연습하는 법을 배워야 한다. 감정의 고통은 피할 수 없지만, 그 고통을 견딜 근육을 키울 수는 있다.

공황 panic이라는 단어의 어원은 그리스 신화의 목신 판 Pan에서 왔다. 낮잠을 방해받으면 분노해 공포를 퍼뜨렸던 신이다. 공황 발작은 극단적 불안 상태로 한때는 심장의 문제로 여겨졌다. 뇌가 아니라 심장이 문제라고 생각한 건 고대부터 이어진 관념 때문이다. 이집트에서는 미라를 만들 때도 심장은 남기고 뇌는 버렸다. 아리스토텔레스는 감각과 영혼이 심장에 깃든다고 믿었고 데카르트조차 정신이 뇌와는 독립적으로 작동한다고 주장했다.

하지만 지금 우리는 공황이 단순히 심장의 문제가 아님을 안다. 뇌의 문제고, 더 정확히 말하면 편도체의 문제다. 원인을 알 수 없는 심장의 날갯짓은 편도체의 과잉 경보다. 편도체는 원래 생존을 위한 경계망이다. 편도체는 항상 보수적으로 판단한다. 의심스러우면 일단 경고부터 울린다. 늑대가 안 와도 늑대가 올 가능성을 먼저 떠올린다. 편도체의 이런 습성 덕분에 인류는 멸종하지 않았다.

하지만 이 시스템이 과도하게 감기면 문제가 된다. 편도체는 우리가 기억한 과거의 위협을 끊임없이 호출하고 지금도 그때의 늑대가 온 것처럼 신호를 보낸다. 심계항진, 떨림, 목이 조여오는 느낌, 어지럼증, 메스꺼움, 실신할 것 같은 감각들도 몸이 외치는 것이다. "지금 죽겠어!" 하지만 검사 결과는 멀쩡하다. 문제는 기관이 아니라 시스템이니까. 내부감각의 과열, 편도체의 경보가 서로 악순환을 만들며 오감의 창은 닫히고 내부감각의 파도가 의식을 삼켜버린다.

공황은 오류가 아니라 시스템의 방어적 작동이다. 양치기 소년이 거짓말한 건 늑대의 출현 시점이지 늑대의 존재 자체가 아니었다. 공황도 마찬가지다. 언젠가 왔던 늑대, 혹은 올 수도 있는 늑대에 대한 편도체의 선제적 기억이다. 단순히 증상을 약으로 눌러서는 안 되는 이유다. 공황발작은 내 감정 시스템에 근본적인 변화가 일어났음을 알리는 경고다.

고통적금 재무전략

편도체는 감정의 태엽이자 저장장치다. 감정은 그냥 지나가지 않는다. 편도체는 그것을 기억하고, 유사한 상황이 오면 또다시 태엽을 감는다. 감정 회로는 반복 학습한다. 좋았던 기억뿐 아니라 고통스러운 감정도 편도체에 저장된다. 편도체는 자주 이전에 감긴 감정을 우선순위로 인식한다. 그래서 공황을 한 번 경험한 사람은 같은 증상을 반복할 가능성이 높다. 편도체가 그 기억을 강화한다. 하지만 그렇기에 감정 회로도 훈련하면 바뀐다. 그러니까 우리는 편도체라는 태엽이 과도하게 감기기 전에 태엽을 풀어주는 루틴을 수행해야 한다.

　편도체는 심장박동, 호흡, 근육의 긴장도 같은 정보를 끊임없이 모니터링한다. 감정시계의 태엽을 조율하고 싶다면 뇌를 직접 바꾸려 하지 말고 몸을 건드려야 한다. 몸의 상태를 바꾸면 편도체가 보내는 경보의 강도도 달라진다. 나는 고통적금의 루틴을 말할 때 늘 이렇게 강조한다. "불편함을 일부러 만들어라. 그 불편함을 매일 반복하라. 그러면 편도체가 당신을 덜 괴롭힌다."

아침에 눈을 떴을 때 가장 먼저 하는 행동부터 바꿔야 한다. 스마트폰을 집어 드는 대신 눈을 감은 채로 가장 소중한 사람을 떠올리고 그 사람에게 마음속으로 '감사합니다'라고 반복해 말해보는 것이다. 손가락 하나 움직이지 않고 몸의 감각에 집중한 채로도 수행할 수 있다. 이 간단한 행위가 편도체의 감정 저울을 조용히 초기화하는 역할을 한다. 하루를 시작할 때 감정 설정값을 바꿔놓는 작업이다.

또 한 가지 방법은 공복감을 짧게라도 느끼는 것이다. 배가 조금 고픈 시간을 의도적으로 만들어두면 몸은 생존의 경계선을 재조정한다. '아, 이 정도의 불편함은 괜찮구나'라고 몸이 기억하는 순간 편도체도 그 강도를 학습한다. 갑자기 몰려오는 불안을 견디기 위한 예비 훈련이 되는 셈이다.

호흡 역시 중요한 포인트다. 사람들은 긴장할수록 입으로 숨을 들이쉰다. 입으로 숨을 들이쉬면 편도체는 위험을 감지한다. 그래서 우리는 의도적으로 날숨에 집중해야 한다. 숨을 코로 천천히 들이쉬고, 길게 내쉰다. 아무것도 억지로 바꾸지 말고 그냥 날숨의 흐름을 따라가는 것만으로도 편도체는 위협 신호를 줄인다.

몸의 중심을 다루는 것도 유용하다. 골반저근을 강화하는 동작, 예를 들면 브릿지 자세나 버드독 자세를 하루에 단 몇 분만 반복해도 감정의 저울은 미세하게 균형을 잡기 시작한다. 몸의 중심이 안정되면 편도체는 과거의 위협을 호출하는 빈도를 줄인다. 지금 내가 괜찮다는 감각을 몸이 먼저 느끼게 되는 것이다.

　잠드는 방식도 중요하다. 잠들기 전 입을 막는 테이프를 세로로 가볍게 붙이면 자연스럽게 코로만 호흡하게 된다. 코호흡을 하면 편도체는 야생의 늑대가 없다고 판단한다. 코로 천천히 숨을 쉬는 상태에서 뇌는 안전하다는 신호를 스스로에게 보낸다. 그렇게 하루의 끝을 정리하면 몸의 경계도 조용히 풀린다.

　이는 몸을 매개로 편도체를 조율하는 작업이다. 감정의 태엽을 직접 만질 수는 없지만, 태엽이 감기고 풀리는 방식을 몸으로 재설정할 수는 있다. 매일 반복하는 이 작은 불편함이 결국에는 감정 회로를 바꾼다. 편도체는 외부의 위협보다 내부의 기억에 더 민감하다. 그러니 몸을 통해 새로운 기억을 만들어야 한다. 불편을 견딘 몸은 위협 상황에 더 침착해진다. 감정의 태엽을 다루는 일은 감정을 감당하는 힘을 기르는 과정이다. 그게 바로 고통적금이다.

감정시계 ON : 편도체 명상

감정 빼내기 나비 명상

1. 긴장 상태 알아차리기

- 편안하게 앉거나 눕는다.
- 눈을 감고 코로 숨을 천천히 들이마시고 입으로 부드럽게 내쉰다.
- 몸의 어느 부위가 긴장돼 있는지 천천히 스캔해본다.
- 어떤 감정도 그냥 있는 그대로 두고 본다.
- 필요하다면 "무섭다.", "짜증 난다.", "답답하다." 같은 단순한 말을 입 밖으로 꺼내본다.

2. 나비 상상으로 신체 이완하기

- 정수리에 작은 나비 한 마리가 살포시 내려앉는다고 상상한다.
- 나비가 이마와 미간, 턱을 지나 어깨와 팔을 따라 손끝까지 천천히 이동한다.
- 나비가 지나가는 부위마다 긴장이 스르르 풀린다.
- 손끝이나 발끝에 가볍게 저릿함이 느껴진다.
- 긴장이 점점 풀린다.

3. 몸 아래로 나비 내려보내기

- 나비가 심장과 폐, 위장과 장기를 따뜻하게 감싸며 천천히 내려간다.
- 골반과 허벅지, 무릎을 지나 발끝까지 도달한 나비가 날개를 편다.
- 검은 감정 찌꺼기가 나비를 따라 바닥으로 흘러내린다.

4. 팔 벌리고 나비처럼 움직이기

- 눈을 뜨고 두 팔을 천천히 벌린다.
- 나비처럼 가볍게 날갯짓하듯 팔을 움직인다.
- 숨을 들이쉴 때는 팔에 힘을 주어 들어올리고, 내쉴 때는 힘을 풀며 내린다.

- 척추를 펴고 가슴을 연다.
- 반복하다가 약간 피곤해질 때 서서히 멈춘다. 마음이 편안해진다.

빛 속에서 소중한 사람 떠올리기

1. 자연광을 맞을 시간과 장소 확보하기
- 창가나 베란다, 공원처럼 자연광이 들어오는 장소를 찾는다. 아침 햇살이 가장 좋다.
- 피부와 눈에 닿는 햇빛을 느끼면서 태양을 향해 몸을 연다.
- 눈을 감아도 괜찮다. 눈꺼풀 너머로도 빛의 온기가 전달된다.

2. 호흡 조절하기
- 코로 숨을 들이마시고 입으로 내쉰다. 특히 날숨에 집중한다.
- 햇살이 샤워기 물줄기처럼 얼굴과 목, 어깨와 가슴, 배와 다리까지 부드럽게 흐른다.
- 마음속 응어리도 씻기며 긴장이 풀린다.

3. 따뜻한 사람을 떠올리기

- 눈을 감고 소중한 사람을 떠올린다.
- 그 사람의 얼굴, 표정, 말투, 함께했던 장면을 그려본다.
- 그 사람이 지금 나에게 어떤 말을 할지 상상해본다.
- 짧게 감사나 위로의 말을 건넨다.

4. 햇살과 소중한 사람의 이미지 융합하기

- 소중한 사람의 이미지가 햇살 속으로 스며든다.
- 햇살이 그 사람의 온기처럼 느껴진다.
- 나와 그 사람 사이의 연결감을 온몸으로 느낀다.
- 머리에서 가슴, 손끝까지 따뜻해지는 감각을 받아들인다.
- 건네고 싶은 말을 해본다.

7장

해마가 외로움을
기억하는 방식

요즘 사람들은 왜 그토록 반려동물에 애착할까? 개와 고양이, 앵무새, 식물까지도 반려의 범주로 불리며 인간의 일상을 점점 더 깊이 파고든다. 반려동물이란 그냥 함께 사는 동물이 아니다. 사람의 감정을 받아주고 정서적으로 의지할 수 있는 존재를 뜻한다. 이 용어는 1983년 노벨상 수상자인 콘라트 로렌츠 Konrad Zacharias Lorenz의 80세 생일을 기념해 오스트리아 과학 아카데미가 주최한 심포지엄에서 처음 제안되었고 지금은 완전히 일상어가 됐다.

    2022년 기준 한국의 반려동물 가구는 552만에 이른다. 그중 81.6%는 반려동물을 가족으로 여긴다고 답했고, 67.3%는 양육에

만족한다고 말했다. 이는 인간과 동물 사이의 감정적 결속이 깊어지고 있음을 보여주는 데이터다. 반려라는 말의 어원을 살펴보면 이 변화의 뿌리가 더 분명해진다. 반려伴侶란 원래 '짝이 되는 동무'를 의미하기에 반려자는 전통적으로 부부를 가리켰다. 단순한 동행을 넘어서 서로 감정적으로 의지하고 일생을 나누는 관계를 뜻한다. 동반자라는 단어도 있지만 그것은 같은 길을 걷는 친구를 의미할 뿐 내면의 결까지 나누는 관계는 아니다. 반려는 조건 없는 감정의 공유를 전제로 한다.

동물이나 식물에게 감정을 투사하고 그들에게서 위안을 찾는 일상이 일종의 문화 현상이 되어가고 있다. 이는 사람이 사람에게 지치고 있다는 방증일지도 모른다. 한국 사회에서 요즘 가장 공감받는 명제는 "사람은 혼자일 때만 진정으로 자기 자신일 수 있다."는 아르투어 쇼펜하우어의 말이다. 자유를 원한다는 건 결국 혼자의 고요를 감당하겠다는 뜻이다. 반려동물은 그 고요를 함께 지켜주는 존재이기도 하다. 콜로라도대학교의 생물학자 마크 베코프 Marc Bekoff는 인간이 동물의 감정을 더 쉽게 읽을 수 있다고 말한다. 동물은 감정을 숨기지 않기 때문이다. 감정의 교환에 있어 분명 감정을 명확히 드러내는 쪽이 마음을 나누기 쉽다. 그래서 사람보다 동물, 연인보다 식물, 회사보다 고양이가 위로가 되는 시대가 왔다.

그런데 이쯤에서 반려감정에 대해서도 생각해봐야 한다. 외로움은 인류의 역사에서 가장 오래된 반려감정이다. 우리가 반려자를 찾고 싶어 하는 이유도 외로움이 우리 곁을 언제나 배회하기 때문이다. 외로움이 없다면 애초에 감정을 나눌 대상을 찾으려 하지 않았을 것이다. 흔히 외로움을 '홀로 되어 쓸쓸한 마음'이라 정의하지만 실상은 다르다. 우리는 타인과 함께 있어도 외로움을 느낀다. 대화의 순간에, 이미 다음 만남 이후의 허전함을 예감하며 도파민으로 시간을 버무린다. 그러다 귀가 시간에 혼자가 되면 깊은 공허가 찾아온다. '군중 속의 고독'이 바로 이 상태다.

외로움은 본능이다. 성적 욕망과도 얽혀 있다. 반려자를 만나 가족을 이루는 행위는 생존과 성욕이라는 원초적 본능의 교차점에서 이루어졌다. 원시의 인간은 홀로 살아남을 수 없었기에 무리를 이루었다. 고립은 곧 생명의 위협이었다. 그래서 외로움은 생존을 위한 경보로서 진화했을 가능성이 크다.

신경과학자 존 카시오포 John Cacioppo는 인간은 외로움을 느끼도록 진화했다고 주장한다. 외로움을 느껴야 새로운 사람을 찾고, 관계를 맺고, 사회를 형성하기 때문이다. 이때 뇌의 어떤 기관이 작동하는지 아는가? 바로 해마다. 해마는 기억을 저장하고 재구성하는 장치다. 우리가 언제, 어디서, 누구와 무엇을 했는지를 기억하는 것도 해마의 기능이다. 감정과 장소, 시간의 맥락을 함께 묶어서 기억을 형성한다. 해마는 에피소드 기억을 담당한다고도 불린다. 또 하나 중요한 기능은 스트레스와 감정 조절이다. 해마는 편도체와 함께 작동하며 외부 자극을 위협으로 인식할지, 단순한 정보로 분류할지를 결정한다.

해마가 손상되면 불안과 공포 반응이 과도해진다. 실제로 우울증이나 외상후 스트레스 장애 환자의 해마가 위축되어 있다는 연구도 많다. 해마가 건강할수록 감정과 기억을 균형 있게 관리할 수 있다. 인간의 감정시계에서 해마는 기억의 태엽을 감고 푸는 핵심 장치다. 시간의 흐름을 따라 감정을 정리하고 과거와 현재를 잇는 브릿지 역할을 한다.

외로움을 오히려 붙잡아라

외로움처럼 반복적으로 찾아오는 감정은 해마를 통해 끊임없이 재기록된다. 해마는 감정을 기억으로 변환하는 작업실이다. 그래서 외로움은 우리의 뇌 속에서 반려감정으로 진화한다. 원치 않아도, 의식하지 않아도, 해마는 외로움을 기록하고 저장한다. 현대사회에서도 외로움은 영향력을 발휘한다. 영국 서리대학교 연구진은 사회적 고립과 체내 염증 사이의 상관관계를 밝혀냈다. 외로운 사람의 경우 C-반응성 단백질 수치가 유의미하게 높았다. 이는 심혈관 질환, 뇌졸중, 치매의 발병률을 높이고 조기 사망의 위험도 30% 이상 끌어올린다. 그래서 영국은 2018년 '외로움부'를 신설했고, 일본은 코로나 이후 '고독·고립 담당 장관'을 임명했다. 한국 역시 2027년까지 고독사 비율 20% 감소를 목표로 국가 차원의 대응을 시작했다. 외로움은 이제 흡연이나 고도비만과 맞먹는 건강 리스크로 취급된다.

불안이나 우울은 병명이 있지만 외로움에는 그런 진단명이 없다. 그래서 외로움이 더 위험하게 느껴진다. 이름을 붙이지 못한 감정은 통제하기 어렵다. 누군가는 외로워도 아무 일 없이 지나가고 누군가는 같은 감정에 몸까지 망가진다. 결국 문제는 감정 자체가 아니라 감정의 처리 방식이다. 외로움이 개인의 해마에 어떻게 저장되느냐에 따라 전혀 다른 결과를 낳는다.

외로움을 무조건 나쁜 감정으로만 볼 필요는 없다. 외로움을 잘 느끼는 사람이 오히려 공감 능력이 높고 사회성이 뛰어나다는 연구도 있다. 외로움은 특정 계절이나 나이와 상관없다. 오히려 젊을수록 외로움을 더 예민하게 느낀다. 최근에는 외로움을 견디는 핵심이 사람의 유무가 아니라 '삶의 목적의식'이라는 연구 결과도 나왔다. 미국 워싱턴대학교의 패트릭 힐Patrick Hill 교수팀은 외로움에 강한 사람일수록 삶의 방향이 명확하다는 사실을 밝혀냈다.

단순한 만남보다 자기만의 목적이 외로움을 이겨내는 데 더 중요하다는 것이다. 삶의 욕망을 잃는 순간 외로움은 자가면역질환처럼 변한다. 원래는 나를 지키는 정서적 센서였던 외로움은 나의 희망세포를 하나하나 공격하기 시작한다. 이런 과정도 해마에 기록된다.

외로움은 기억의 한 형태다. 해마는 외로움을 기억하고 재구성한다. 하지만 데이터베이스 역할만 하지는 않는다. 이 기억에는 감정과 사건이 함께 저장된다. 그래서 가장 외로웠던 순간은 언제, 어디였는지 동시에 떠오른다. 기억의 레이어 위에 차곡차곡 덧씌워진다. 오늘의 외로움은 어제의 외로움을 덧칠하고 내일의 외로움은 다시 오늘을 바탕으로 다시 쓰인다. 외로움은 점점 더 굵은 선으로 새겨진다. 해마는 그 태엽을 매일 돌린다. 관건은 이 태엽을 내가 의식적으로 감느냐 무의식 속에서 방치하느냐는 것이다.

해마를 관리하는 방법은 의외로 간단하다. 해마는 감정과 기억을 함께 저장하기 때문에 감정의 기록 방식을 바꾸면 해마의 기억도 바뀐다. 가장 먼저 해야 할 일은 외로움을 느끼는 순간을 언어로 붙잡아두는 것이다. 사람은 외로움을 느끼면 즉각 도파민으로 덮어버린다. 하지만 SNS, 쇼핑, 유튜브, 음식, 술 등으로 회피하면 해마는 외로움을 '회피한 기억'으로 저장한다. 이게 반복되면 외로움은 점점 더 빠르고 강하게 찾아온다. 반면 외로움을 정확히 감지하고 순간을 붙잡아두면 해마의 저장 방식이 달라진다. '나는 지금 외롭구나'라고 인식하는 순간, 해마는 그 외로움을 덜 날카롭게 기록한다. 감정을 메타 인식하는 것이 첫 번째 태엽 감기다.

두 번째는 해마의 시간 태엽을 매일 리셋하는 것이다. 외로움의 기억이 뇌에 오래 머물면 그것은 현재 진행형 감정으로 변한다. 일부러 해마에 새로운 자극을 넣어야 한다. 하루에 최소한 한 번, 새로운 장소에서 새로운 감정을 경험하는 것이 좋다. 아주 작은 거라도 괜찮다. 매일 가는 길 대신 다른 길을 걷거나 같은 커피를 마시더라도 다른 카페에 가보자. 해마는 장소와 감정을 묶어서 기억하기 때문에 장소를 바꾸면 감정 태엽이 새로 감긴다. 이것이 해마의 공간 기억 시스템을 이용한 루틴이다.

세 번째는 관계의 감정을 의식적으로 기록하는 것이다. 외로움의 루틴은 결국 관계의 루틴이다. 하루를 마감할 때 오늘의 관계를 한 줄이라도 떠올려보는 게 중요하다. 누구를 만났는지, 어떤 대화를 했는지를 말이다. 심지어 만나지 않은 사람을 떠올려도 좋다. 그렇게 감정의 기억을 구체적으로 언어화하면 해마는 되돌아보기를 통해 감정을 덜 날카롭게 저장한다. 반대로 아무 생각 없이 넘어가면 외로움은 무작위적이고 덩어리진 기억으로 쌓여 불안을 키운다.

외로움은 어제의 기억을 통해 오늘의 감정을 쉼 없이 조율한다. 그래서 우리는 매일 질문을 던져야 한다. 나는 오늘 내 해마에 무엇을 새겼는가? 외로움은 지금 내 안에서 어떻게 저장되고 있는가? 그리고 나는 그 태엽을 스스로 감고 있는가 방치하고 있는가?

해마를 해킹하는 것들

문제는 지금 우리 사회가 외로움을 다루는 방식이다. 더 이상 사람을 통해 외로움을 달래려 하지 않는다. 연애를 피하는 사람들이 늘어나고 있고 연애를 하더라도 섹스리스 커플이 많아지고 있다. 사랑 없는 섹스와 섹스 없는 사랑이 동시에 증가하는 시대다. 이는 인간의 가장 본질적인 본능, 성충동을 의미하는 리비도의 왜곡을 보여준다. 지그문트 프로이트에 따르면 인간은 본능적으로 리비도를 충족하려 한다. 리비도는 생명과 죽음의 갈림길이다. 잘 다루면 창조와 관계의 에너지가 되지만 잘못 다루면 파괴의 본능으로 이어진다. 외로움 역시 마찬가지다. 외로움은 리비도의 방향을 결정한다. 관계로 흘러가면 삶을 유지하지만 파괴로 흘러가면 자기소모로 이어진다.

현대사회는 이 리비도를 타인을 향해 발현하기 어려운 구조다. 너무 빠르고 너무 거칠다. 모두가 생존 게임을 벌이고 있다. 욕망을 얼마나 빨리 충족하느냐가 경쟁력이 된 사회에서 외로움은 너무 느리다. 로맨스를 기대하기보다는 생존법을 학습하고 누군가를 만나기보다는 자기계발서를 읽는다. 그 결과 욕망을 외부로 발산하기보다 점점 나를 향해 쏟아붓는다. 설탕, SNS, 숏폼 영상, 포르노그래피가 대표적이다. 빠르게 충족하고 빠르게 다시 경쟁에 나선다.

이러한 불안의 정서를 가장 잘 보여주는 현상이 MBTI 열풍이다. 사람들은 MBTI를 통해 자신과 타인을 빠르게 분류하고 이해하려 한다. 내가 언제 도파민이 분비되고 누구와 있을 때 가장 편안한지 빠르게 확인하고 싶어 한다. MBTI는 일종의 매뉴얼이다. 외로움을 느낄 때마다 펼쳐보는 설명서다. MBTI가 코로나19 팬데믹 이후 유독 더 각광받은 것도 우연이 아니다. 비대면 시대, 사회적 거리두기 이후 우리는 타인과의 관계를 통해 자신을 규정하는 대신 간단하게 자신을 설명할 수 있는 도구에 집착하게 되었다.

좋은 반려 존재를 만나기 위한 확실한 정답은 없다. 하지만 최소한 반려하지 말아야 할 대상은 알고 있어야 한다. 이들은 외로움을 교묘히 이용해 우리의 욕망을 자신을 위한 도구로 바꾸고 우리 안의 감정시계 태엽을 거꾸로 감아버린다. 이런 파괴적 관계는 대부분 처음에는 매혹적으로 다가온다. 소셜미디어에서는 "이런 사람을 멀리하라."는 콘텐츠가 넘쳐난다. 하지만 그걸 하나하나 따지고 들면 세상에 믿을 사람은 아무도 없다는 결론에 다다른다. 심지어 어떤 날은 '혹시 내가 남들이 피해야 할 유형은 아닐까?'라는 두려움이 들기도 한다. 실제로 요즘 정신과에는 자신이 사이코패스나 소시오패스가 아닌지 검사를 받으러 오는 사람이 늘었다. 남도 무섭지만, 내 안의 괴물이 더 무서울 때가 있다.

이 불안의 시대에 심리학자들이 주목하는 개념이 있다. 바로 다크 트라이어드 Dark Triad다. 2002년 캐나다 심리학자 델로이 폴허스 Delroy. L. Paulhus와 케빈 윌리엄스 Kevin. M. Williams가 처음 제기한 이 개념은 인간관계에서 반드시 경계해야 할 세 가지 인격 특성을 지목한다. 첫째는 나르시시즘, 둘째는 사이코패스, 셋째는 마키아벨리즘이다.

나르시시즘은 자기애가 지나쳐서 생기는 문제다. 이들은 자기중심적이고 비판을 선전포고로 인식한다. 결국 영향력과 지위에 집착하게 된다. 사이코패스는 죄책감이나 공감이 결여된 자다. 내면의 브레이크가 없다. 충동을 억제하지 못하고 폭력조차 망설임 없이 행사한다. 마키아벨리즘은 더 교묘하다. 도덕적 경계 따위는 중요하지 않다. 상대를 조종해 자신의 욕망을 관철시키는 데만 집중한다.

이들의 공통점은 해마를 조작한다는 것이다. 상대의 약점을 빠르게 감지하고 신뢰와 존경을 먼저 확보한다. 이후 진실과 거짓을 교묘하게 섞어 상대를 조종한다. 우리는 이미 감정적으로 반응하고 있지만 분노와 불안의 신호는 진실의 파편에 눌려 무뎌진다. 이성은 마비된다. 결국 외로움을 달래기 위해 시작한 관계가 외로움을 더 깊게 만든다. 반복될수록 해마는 이 패턴을 굳힌다. 이를 예방하려면 매일의 기억을 어떻게 저장하고 어떤 감정을 어떻게 되새김할지 선택해야 한다. 감정의 시간을 스스로 감지하고 조율하지 않으면 내 해마는 결국 타인의 조작에 맡겨진다. 누군가가 대신 태엽을 감고 당신의 외로움을 자기 욕망의 연료로 삼을 수도 있다.

반려 외로움과 산책하는 법

반복하건대, 외로움은 인간의 심리적, 생리적 상태를 지속해서 감지하는 내면의 센서다. 우리가 관계 안에서 얼마나 균형을 잃고 있는지 알려주는 경보 장치다. 이 감정을 이해하고 조율하지 못하면 우리는 반복해서 누군가에게 휘둘리게 된다. 해마는 그 과정을 계속 기록한다. 기억을 덧붙이고, 때로는 지우고 다시 쓰면서. 그게 해마의 역할이다. 해마는 시간의 흐름을 따라 감정을 새기고 좌표를 남긴다. 외로움은 기억과 장소, 시간의 레이어 속에서 되살아난다. 반복적으로. 마치 태엽을 감듯.

　내가 직접 감정의 태엽을 관리하면 외로움은 내 편이 된다. 사회적 생존의 감각으로 작동한다. 그러기 위해서는 일상의 루틴을 통해 해마를 훈련해야 한다. 관계의 기술도 결국 해마를 다루는 기술이다. 매일의 선택이 해마에 기록되기 때문이다. 다음의 일곱 가지 지침은 단순한 처세가 아니다. 외로움을 조절하고 해마를 감정 시계의 태엽처럼 관리하는 구체적 방법이다.

　첫째, 침묵과 경청은 최고의 방패다. 누구나 자신의 이야기를 잘 들어주는 사람을 좋아한다. 침묵을 적절히 사용하는 사람은 공격당하지 않는다. 듣는 자는 항상 환영받는다.

　둘째, 과도한 배려를 피하라. 지나친 배려는 좋은 사람이 아니라 쉬운 사람으로 보인다. 거리감이 때로는 신뢰를 지킨다.

　셋째, 내가 줄 수 없는 것을 타인에게 바라지 마라. 스스로에게도 해줄 수 없는 것을 남에게 기대하면 관계는 무거워진다. 절실한 것은 결국 스스로 얻는 것이다.

　넷째, 사적인 비밀 이야기는 최소화하라. 듣는 사람에게 부담이 될 수 있고, 나중에 그 이야기가 화살이 되어 돌아올 수도 있다. 진심은 말이 아니라 시간으로 증명해야 한다.

　다섯째, 관계를 적과 아군으로 나누지 마라. 인간관계를 이분법으로 나누는 사람은 위기 상황에서 쉽게 무너진다. 진짜 위협은

멀리 있는 적이 아니라 가까운 친구가 적으로 바뀔 때 발생한다. 관계의 깊이는 스펙트럼으로 유지해야 한다.

여섯째, 돈 문제는 명확히 하거나 애초에 피하라. 돈이 엮인 관계는 결국 돈을 따라 움직인다.

일곱째, 가슴 뛰는 사람일수록 천천히 다가가라. "이 사람이야!"라는 직감은 배고플 때 음식 앞에서의 충동과 비슷하다. 운명처럼 느껴진 관계일수록 구들장처럼 천천히 데워야 현실이 된다.

이 일곱 가지는 관계의 기술이면서 기억의 조율법이다. 해마는 경험을 매일 저장하고 재구성한다. 습관적 기억 조율이야말로 외로움을 스스로 관리하는 방법이다. 여기에 더해 외로움에 지친 당신이 반드시 길러야 할 세 가지 힘도 있다.

첫째, 우길 수 있는 힘이다. 무작정 우기라는 뜻이 아니다. 자기 의견을 지킬 최소한의 내구성을 키우라는 뜻이다. 타인의 말 한 마디에 휘청거리면 해마는 그 순간을 약점으로 저장한다. 생각을 지킬 수 있는 힘으로써 우겨야 한다.

둘째, 욕먹을 수 있는 힘이다. 관계는 절충이다. 언젠가는 어긋나고 욕도 먹게 마련이다. 그걸 피하려고만 하면 결국 희생양이 된다. 버티고 견뎌낸 사람이 더 오래 살아남는다. 해마는 그런 경험을 기억의 뼈대로 만든다.

셋째, 기다릴 수 있는 힘이다. 무언가를 우기고 욕도 먹을 수 있지만 기다리지 못해서 무너진다. 특히 재능 있는 사람일수록 이 덫에 걸린다. 위기라고 생각하는 순간에도 시간을 통과할 줄 알아야 한다. 그래야 외로움이 독이 되지 않는다. 그때의 독단과 고집은 오히려 사회적 괴물로 비춰질 수 있다. 기다림은 진짜 힘이다. 그리고 해마는 이 기다림의 기록을 차곡차곡 저장한다.

외로움은 결국 선택의 문제다. 외로움을 방치하면 누군가가 대신 내 감정의 태엽을 감는다. 하지만 내가 스스로 해마를 관리하면 외로움은 더 이상 약점이 아니다. 그것은 나를 보호하는 감정의 장치가 된다. 매일 반복되는 감정 훈련과 기억의 정리는 삶의 방향을 정하는 작업이다. 그러니 스스로에게 물어야 한다. 오늘 나는 내 해마에 무엇을 새겼는가? 어떤 감정을 기억의 서랍에 넣었는가? 그 태엽은 지금 어느 방향으로 감기고 있는가?

감정시계 ON: 해마 명상

외로움 조율 명상

1. 아침에 곧바로 일어나지 않기

- 잠에서 깨어나면 바로 몸을 일으키지 않는다.
- 코로 들이쉬고 입으로 내쉬는 호흡을 다섯 번 반복한다.
- 들숨과 날숨 모두 코로만 이어간다.

2. 꿈의 잔상에 머물기

- 꿈을 떠올린다.
- 등장한 사람, 장소, 색깔, 촉감, 냄새, 감정을 기억나는 대로 붙잡는다.

- 내 안의 감정이 무엇을 말하고 싶었는지 자문한다.

3. 하루를 시각화하기
- 오늘 하루의 예상 장면을 시간순으로 떠올린다.
- 장면마다 어떤 감정을 느낄지 예측한다.
- "이 순간에는 편안함을, 저 순간에는 단호함을." 하는 식으로 감정의 주도권을 예비한다.
- 내가 선택한 감정이 오늘의 주인임을 기억한다.

〈지침〉
- 틈틈이 30초 정도 시간을 내어 "지금 내 감정은 누구의 것인가?"라고 자문한다.
- 이 감정이 선택한 감정인지 방치한 감정인지 점검한다.

달빛 명상

1. 숨 고르기
- 자기 전 창문을 열고 밤하늘을 바라본다. 달이 보이지 않더라도 괜찮다.

- 달은 언제나 그 자리에 떠 있다는 사실을 상기한다.
- 눈을 감은 채 천천히 호흡한다.
- 달이 내 가슴 안에 떠 있다고 상상해본다.
- 달빛이 내 안을 은은하게 비춘다.

2. 심장에 귀 기울이기
- 심장의 박동을 느낀다.
- 하나, 둘, 셋, 넷. 점점 박동이 규칙적으로 느려진다.
- 몸의 긴장이 풀어진다.

3. 달의 기운으로 감정 비우기
- 숨을 깊게 들이쉰다.
- 들이마시는 숨마다 달의 기운이 가슴으로 들어온다.
- 그 기운이 가슴속의 달을 더 밝고 따뜻하게 키운다.
- 숨을 내쉴 때마다 오늘의 답답함이나 부정적인 감정이 빠져나간다.

4. 기억하고 싶은 배움 떠올리고 정리하기
- 오늘 내가 꼭 기억하고 싶은 배움 세 가지를 떠올린다.
- 그 배움이 무엇인지 나지막이 말하거나 손가락으로 허공에

써본다.
- 마음속 기억의 서랍에 배움이 들어찬다.
- 잠자리에 들기 전에 "내 안의 달빛이 오늘을 정리해줄 거야."라고 말한다.

FEEL CLOCK

8장

감정노동이 생식에 미치는 영향

의학은 인간의 생명을 다루는 직업이다. 많은 사람들이 암, 심장질환, 뇌졸중 같은 병으로 생을 마감한다. 그런데 감정과 느낌의 문제인 정신질환은 직접적으로 심장이나 뇌의 기능을 멈추게 하지는 않는다. 활력징후가 바뀌어 생명을 위협하는 일은 드물다. 하지만 인간은 감정을 감당하지 못해 스스로 심장을 멈추는 선택을 하기도 한다. 그 행위가 바로 자살이다. 누구나 한 번쯤은 이 감정을 어떻게 버텨야 할지 모르겠는 때가 온다. 시간이 지나면 술자리에서 농담처럼 이야기하는 사람도 있고, 트라우마로 남아 비슷한 상황을 피하며 살아가는 사람도 있다. 하지만 어떤 이는 그 무게를 끝까지 견디지 못하고 자기 삶을 스스로 지우는 결정을 한다.

모든 일에는 끝이 있다. 삶도 그렇고 죽음도 그렇다. 죽음 아래서 모든 인간은 평등하다. 그러나 그렇다고 해서 죽음이 삶의 목표일 수는 없다. 죽음을 피하려는 본능은 인간이 가진 가장 강력한 생존 충동이다. 그런 점에서 자살은 그 본능을 거스르는 예외적 행위다. 감정이 없는 AI가 스스로 전원을 끄는 일은 없을 것이다. 오직 인간만이 감정의 무게를 견디다 못해 스스로의 생명을 멈춘다.

감정의 무게를 견디려면 결국 에너지를 써야 한다. 감정은 생명의 가장 깊은 곳, 몸의 뿌리에서 시작된다. 근원적 에너지원, 리비도는 생식선과 연결되어 있다. 생식선은 번식 이외에도 호르몬을 조절하고, 생명 에너지를 배분하고, 삶의 충동을 촉진하는 생리적 원동력이다. 생식선을 고려하지 않고는 감정시계의 태엽을 감을 수 없다.

보건복지부와 한국생명존중희망재단이 2013년부터 2017년까지 5년간 발표한 전국 자살사망 분석 보고서를 보면 전체 자살 원인 중 36.1%가 정신건강 문제였다. 나머지 원인도 감정과 느낌에서 자유롭지 않다. 감정 시스템은 원래 생명을 보호하는 역할을 한다. 위협을 감지하고 나를 지키기 위해 작동하는 시스템이다. 그런데 때로는 이 감정 시스템이 스스로를 파괴하는 방향으로도 작동한다. 다하지 못한 삶의 여정에 스스로 마침표를 찍는 것이다.

인간은 다른 동물과 달리 자기 생명을 스스로 끊을 수 있는 존재다. 자살이라는 말은 라틴어의 'sui(자기)'와 'cidium(죽이다)'에서 왔다. 말 그대로 자기 자신을 죽이는 행위다. 한국은 지금 OECD 국가 중 자살률 1위라는 불명예를 안고 있다. 하지만 원래부터 그랬던 건 아니다. 1990년대 초반까지만 해도 한국의 자살률은 OECD 국가 중 가장 낮은 편에 속했다. 그런데 20년 사이에 자살률이 급격히 치솟았다.

일각에서는 자살률 급등의 원인을 개인의 정신력이나 나약함에서 찾는다. 하지만 그보다는 사회경제적 요인이 더 크다고 본다. 외환위기, 카드대란, 글로벌 금융위기 같은 경제적 충격이 닥칠 때마다 자살률은 눈에 띄게 상승했다. 나와 타인의 관계, 사회적 연결망이 끊어질 때 감정은 무너지기 쉽다. 한국 사회는 그 영향이 유독 큰 편이다. 최근에는 특히 10대와 20대의 자살률이 가파르게 오르면서 자살이 개인의 비극을 넘어 사회의 존속 자체를 위협하는 문제로 번지고 있다.

코로나19 팬데믹 시기에도 자살은 멈추지 않았다. WHO에 따르면, 2024년 1월까지 전 세계적으로 코로나19로 625만 명이 사망했다. 그런데 같은 기간, 대한민국의 자살 사망자는 코로나19로 인한 사망자를 넘어섰다. 바이러스보다 더 조용하고 집요하게 생명을 위협하는 것이 감정이고, 사회의 구조이며, 삶의 무게라는 걸 보여주는 지표다.

　자살의 원인을 따지는 일은 결국 "사람은 무엇으로 사는가?"라는 질문과 비슷하다. 답이 없다. 어떤 사람은 개인의 의지력 문제라고 말하고 어떤 사람은 사회적 타살이라고 부른다. 양 극단의 분석이 공존하는 만큼 뾰족한 해결책도 나오지 않는다. 캠페인이나 예방 교육만으로는 자살 문제를 막을 수 없다. 저출생 문제처럼 사회 전반의 체질 자체를 바꾸지 않으면 안 된다. 특히 2030 여성의 자살률이 가파르게 오르면서 새로운 현상이 나타나고 있다. 자살률과 저출생률이 서로 맞물려 돌아가는 커플링 현상이다. 생명을 품어야 할 세대가 생을 포기하고 있다는 건 단순히 개인의 절망 문제가 아니다. 이건 사회 전체가 지속 불가능하다는 경고다.

　왜 우리는 감정을 견디지 못하게 되었는가? 왜 생명의 태엽이 풀리고, 감정의 시계가 멈추는가? 뿌리의 에너지가 약해졌기 때문이다. 뇌는 감정을 형성한다. 하지만 감정을 계속 버틸 수 있게 해주는 원천은 생식선이다. 생식선이 건강해야 감정도 순환한다. 생식선이 식어갈 때 삶의 동력이 사라진다. 실제로 생식선 기능이 약해질 때, 인간은 호르몬 균형이 깨지고 우울감과 무기력을 겪는다. WHO와 미국 내분비학회Endocrine Society는 생식선 기능 저하와 우울증의 상관관계를 이미 10년 넘게 경고하고 있다.

죽음을 부르는 생식선 리듬

인간의 감정은 나와 타인의 생명을 지키기 위해 진화한 시스템이다. 공포와 분노, 기쁨과 슬픔은 모두 생존을 위한 정보였다. 그런데 감정이 감당할 수 없는 수준으로 과잉되거나 너무 오래 억눌릴 때는 문제의 양상이 달라진다. 감정 에너지가 과열되면 폭발하고 억압되면 안으로 침몰한다. 자살은 이 두 가지가 겹쳐진 상태에서 나타나는 가장 극단적인 결과다.

프로이트는 인간 안에 두 가지 충동이 공존한다고 말했다. 하나는 생명충동, 또 하나는 죽음충동이다. 평소에는 자아가 이 충동을 조절하지만 자아의 힘이 약해지면 공격성이 안으로 향한다. 자신을 공격하는 감정 에너지가 생긴다. 이게 바로 죽음충동이다. 우울증이 대표적이다. 밖으로 표현되지 못한 분노가 안으로 향하면서 결국 자신을 해치게 된다. 정신과 의사 칼 메닝거 Karl Menninger는 이를 더 구체적으로 나눴다. 자살 행동의 동기는 세 가지다. 죽이고 싶은 소망, 죽임을 당하고 싶은 소망, 죽고 싶은 소망. 각각은 공격성과 자기비난, 절망이라는 형태로 나타난다. 겉으로 보면 같은 자살이라도 그 안의 감정 동력은 이렇게 복잡하게 얽혀 있다.

살다 보면 누구나 순간적으로 누군가를 원망하거나 자신을 괴롭히고 싶거나 도망치고 싶을 때가 있다. 하지만 그런 생각이 모두 자살로 이어지진 않는다. 그 사이를 가르는 핵심은 감정 면역력이다. 감정을 어떻게 조절하고, 어떻게 소화하고, 누구와 나누는지가 결정적이다. 전쟁터에서도 감정은 살아남는다. 제2차 세계대전 당시 런던 시민들은 6개월간 매일 밤 독일군의 폭격을 받았다. 불조차 켤 수 없던 절망적 상황에서 사람들은 오히려 서로를 더 끈끈하게 의지했다. 자살률은 줄어들었다. 공포를 이긴 건 가족과 이웃, 그리고 연대감이었다. 외적 위기보다 더 위험한 건 내부의 감정 붕괴다. 혼자 고립되었을 때 감정 면역력은 급격히 무너진다. 감정은 전염된다. 내가 슬플 때 옆에서 울어주는 사람이 있으면 감정의 파국을 막을 수 있다. 반대로 공허 속에 혼자 남겨지면 감정은 자기 자신을 공격하기 시작한다.

감정의 면역 체계는 생식선에서 시작된다. 인간의 감정 시스템은 호르몬의 흐름과 깊이 연결돼 있다. 생식선이 그 리듬의 첫 단추를 제공한다. 남성과 여성의 생식선은 다르다. 이 차이는 감정의 흐름에도 영향을 준다. 남성의 생식선, 즉 고환은 매일 일정한 리듬으로 테스토스테론을 분비한다. 이 호르몬은 공격성과 자신감, 경쟁 본능을 조절하지만 동시에 우울감과 무기력에도 영향을 준다. 테스토스테론이 급격히 떨어질 때 남성은 흔히 말하는 갱년기 우울을 겪는다. 기분 문제가 아니라 호르몬의 붕괴다. 자살 충동도 그때 급증한다. 실제로 미국 정신의학회 APA의 통계에 따르면

50대 이상 남성의 자살률은 여성보다 세 배 높다. 고환 기능 저하와 테스토스테론 저하가 주요 원인 중 하나다.

여성의 생식선인 난소는 그와 다르게 움직인다. 여성의 감정은 생리주기와 함께 리듬을 탄다. 배란기에는 에스트로겐과 프로게스테론이 급증해 감정이 예민해지고 월경 직전에는 급격히 줄어든다. 이때 우울감, 분노, 혼란이 증폭된다. 단순한 기분 변화가 아니다. 호르몬이라는 감정시계의 태엽이 풀리는 것이다. 그래서 여성의 자살 충동은 월경 전후, 출산 직후, 폐경기에 집중된다. 이 시기들은 모두 생식선 호르몬의 격변기가 겹친다.

남성과 여성의 생식선은 생리학적 차이가 있지만, 공통점이 있다. 감정의 뿌리를 조절한다는 것이다. 생식선이 건강할 때는 감정의 태엽이 부드럽게 감긴다. 하지만 생식선의 리듬이 깨지면 감정은 폭주하거나 침몰한다. 현대사회는 감정을 조절하라고 요구하면서도, 감정의 뿌리를 돌보는 방법은 가르쳐주지 않는다. 우리는 감정의 리듬을 무시하고 일한다. 24시간 돌아가는 사회, 끊임없는 긴장, 멈추지 않는 경쟁. 남성과 여성 모두 자신의 생식선 리듬을 외면하고 산다. 생리 주기를 무시하고, 피로를 무시하고, 몸의 신호를 무시한다. 그 결과 감정의 태엽은 풀리고 감정시계는 멈춘다.

욕망의 증폭기

유명인의 극단적 선택 소식을 들을 때마다 삶의 무상함을 느낀다. 어제까지만 해도 미디어 속에서 성공과 부러움의 대상으로 비쳤던 사람이 어느 날 갑자기 포토라인에 서고 악성 댓글에 시달리다 끝내 생을 마감한다. 언론은 원인을 깊이 따지기보다는 '베르테르 효과'를 이야기한다. 유명인의 자살이 사회적 동조심리를 자극해 모방 자살을 부른다는 설명이다.

그런데 대중 앞에 선 사람들은 보통 우리보다 감정을 절제하고 조절하는 훈련을 더 많이 받는다. 직업적 특성상 감정을 쉽게 드러낼 수 없고, 통제하고 감춰야 한다. 그래서 그들의 극단적 선택은 충동적 감정 폭발이 아니다. 오히려 오랜 시간에 걸쳐 감정의 뿌리가 말라가고 감정 면역 체계가 천천히 붕괴된 결과일 가능성이 높다.

우리는 자살을 하나의 사건으로만 보지 말아야 한다. 그것은 감정 에너지의 붕괴, 관계의 단절, 사회적 맥락의 불화, 자기 존재에 대한 의미 상실이 겹쳐진 복합적 현상이다. 그 결정을 만드는 건 타인이 아니라 자기 자신이다. 하지만 그 과정은 철저히 사회적인 맥락 속에서 일어난다. 감정 면역력은 개인의 책임만으로 설명할 수 없는 문제다. 사회 전체가 함께 책임져야 할 시스템이다.

그렇다면 왜 감정 면역력이 이렇게까지 무너졌을까? 결국 뿌리의 문제다. 감정 에너지의 가장 깊은 원천, 생명 에너지의 뿌리가 고갈되었기 때문이다. 리비도는 성적 충동을 넘어서는, 삶을 움직이는 본능적 에너지다. 생의 에너지, 감정의 에너지, 창조적 욕망까지 모두 여기서 비롯된다. 그런데 현대인은 이 뿌리 에너지를 관리할 줄 모른다. 계속해서 소비하고, 계속해서 뺏기기만 한다.

문제는 여기서 끝나지 않는다. 생식선은 실은 사회적인 감각 기관이다. 인간의 생식선은 타인의 시선을 먹고 자란다. 욕망의 방향이 외부로부터 정해지기 때문이다. 우리는 어릴 때부터 성적 자기감각을 사회적 잣대에 맡긴다. 예쁜 사람, 섹시한 사람, 매력적인 사람이라는 기준은 스스로 만든 것이 아니다. 타인이 만든 리스트를 주워 섬길 뿐이다. 포르노도 마찬가지다. 포르노는 타인의 욕망을 내면화하는 트레이닝이다. "사람들은 이렇게 섹스한다." "이렇게 몸을 써야 매력적이다." 그렇게 우리는 욕망조차 타인의 규범을 따른다.

여기서 생식선은 뇌와 연결된 욕망의 증폭기다. 생식선은 외부의 자극을 그대로 받아들이며 욕망을 설정한다. 유튜브에서 인기 있는 몸매 영상, 인스타그램의 셀카, 틱톡의 립싱크까지도 결국 생식선을 자극하는 사회적 장치다. 그런데 이 자극이 반복되면 생식선이 스스로의 리듬을 잃는다. 생식선은 생체 리듬의 중요한 태엽이다. 남성은 고환을 통해 매일 일정한 패턴의 테스토스테론을 분비한다. 여성은 난소를 통해 월경주기 리듬을 유지한다. 그런데 사회적 욕망의 과잉 자극은 이 태엽을 망가뜨린다.

가장 대표적인 것이 도파민-테스토스테론 과부하다. 남성들은 포르노와 숏폼 자극에 중독되면 테스토스테론이 일시적으로 폭증했다가 이후에는 오히려 분비가 억제된다. 이걸 '보상회로 붕괴'라고 부른다. 여성도 마찬가지다. SNS의 자기 객관화, 외모 비교, 성적 대상화 속에서 난소의 리듬은 점점 불안정해진다. 생리불순, 다낭성난소증후군 같은 생식선 질환이 늘어나는 이유도 여기에 있다. 미국 산부인과학회ACOG에 따르면 20대 여성의 약 열 명 중 한 명이 이미 다낭성난소증후군을 겪고 있다.

악성 댓글과 비난, 대중의 낙인은 감정의 소속감을 뿌리째 흔든다. 자신과 감정을 나눈다고 믿었던 사람들이 등을 돌릴 때, 인간의 가장 기본적인 욕구인 소속되고자 하는 욕망과 관계 속에서 효능감을 느끼고 싶어 하는 욕망이 무너진다. 남는 건 혼란뿐이다. 나는 누구인지, 지금까지 살아온 내가 진짜 나인지, 언론과 댓글이 만들어낸 기이한 괴물이 나인지 혼란스러운 상태가 된다. 억울함을 호소하면 할수록 매체의 곡해가 더해진다. 세상이 만들어낸 '괴물인 나'라는 프레임에 갇히는 순간 가족과 친구로부터도 고립된다. 캐나다의 철학자 이언 해킹Ian Hacking은 이렇게 말했다. "언론은 현실을 보도하는 것이 아니라 새로운 현실을 만들어낸다." 오늘날의 미디어는 전통 언론을 넘어 SNS와 유튜브, 1인 미디어까지 포함된다. 사실 확인도 없이 정보가 퍼지고, 대중은 쉽게 동요한다.

이때 등장하는 현상이 '고리 효과'다. 세상이 어떤 범주의 인간을 만들어내면 실제로 사람들이 그 범주에 맞춰 행동하기 시작한다. 스스로를 그런 존재로 여기게 되는 것이다. 그렇게 정체성의 혼란이 생기고 소속감을 잃는다. 자신이 짐이 되었다는 느낌, 철저한 고립감이 찾아온다. 결국 인간의 기본 시스템인 죽음에 대한 공포마저 무력화된다. 본능적 생존 욕구가 마비되고 삶을 끝내는 선택을 하게 된다. 사랑하는 사람들과의 일상, 가족과 떠나는 여행 같은 순간들은 뒤로 밀려난다. 감정의 소진과 뿌리 에너지의 고갈이 만든 결과다.

법 없이도 살 사람

우리는 감정을 잘 조절하는 사람을 두고 법 없이도 살 사람이라고 말한다. 하지만 정말 그런가? 감정을 억누르고 잘 숨기는 것이 더 건강하고 행복한 삶으로 이어질까? 나는 단호하게 아니라고 말할 수 있다. 감정을 억제하는 것은 감정의 소멸로 이어지고 감정의 소멸은 생명 에너지의 고갈을 부른다. 문제는 현대사회가 감정을 점점 상품화하고 있다는 데 있다. 우리는 감정노동의 시대에 살고 있다.

미국의 사회학자 앨리 러셀 혹실드 Arlie Russell Hochschild는 《감정노동》에서 감정노동을 이렇게 정의했다. "공적으로 관찰 가능한 표정과 몸짓을 만들기 위해 감정을 관리하는 일." 자본주의 속에서 감정은 상품이다. '고객은 왕이다', '고객은 항상 옳다'는 말은 감정 연기의 훈련을 업무 교육의 일부로 만들었다. 직장을 자아실현의 공간이라고 말하지만 사실 감정의 전쟁터다. AI가 아무리 발전해도 감정은 인간만의 영역이다. 그래서 감정은 오히려 경쟁력이 되었다. 우리는 매일 감정을 팔고 감정을 꾸며야 하는 처지에 놓였다.

이 감정노동의 최전선에서 가장 먼저 손상되는 기관도 생식선이다. 생식선에서 분비되는 호르몬은 성욕 조절뿐 아니라 불안, 분노, 의욕, 기쁨, 심지어 사회적 관계의 조절까지 담당한다. 실제로 감정노동을 많이 하는 직종일수록 생식선의 기능에 문제가 생긴다. 여성은 생리불순과 다낭성난소증후군을 호소하고, 남성은 남성호르몬 감소로 인한 우울감과 무기력에 시달린다. 한국은 최근 10년 사이 남성 갱년기 진단율이 급격히 상승한 나라다. 왜? 감정노동이 많기 때문이다.

생식선이라는 태엽이 고장 나면 감정시계의 리듬부터 무너진다. 욕망의 리듬이 깨지면 감정의 리듬도 깨진다. 우울증과 불안장애의 가장 큰 공통점이 무엇일까? 바로 욕망의 상실이다. 섹스하기 싫어지고, 음식이 맛없어지고, 잠이 줄어들거나 과해진다. 이 모든 증상은 뇌만의 문제가 아니다. 뿌리의 문제다. 생식선이 에너지를 충분히 공급하지 못하면 감정도 무너진다.

현대사회는 이 뿌리를 점점 더 소외시킨다. 섹스는 스펙터클해졌지만 실제 관계는 줄어들었다. 포르노는 넘쳐나지만 육체적 접촉은 줄었다. 연애는 피곤해졌고 사람들은 데이팅앱에서 휘발성 높은 만남만 반복한다. 욕망의 시스템이 붕괴되고 있다는 신호다. 우리는 타인의 감정에 과잉 적응했지만 내 욕망의 온도를 잃어버렸다. 남성의 고환은 차가워졌고 여성의 난소는 리듬을 잃어버렸다. 뿌리가 식으면 감정이라는 나무는 말라간다.

우리는 감정을 억누르고 숨기고 봉인하는 하루하루를 살아가고 있다. 스스로를 파괴하는 감정의 자가면역 상태로 조금씩 다가간다. 자기와 비자기를 구분하지 못하면서 몸은 자기 자신을 공격한다. 류마티스 관절염, 루푸스, 제1형 당뇨병 같은 자가면역질환이 그렇게 생긴다. 감정도 똑같다. 내 감정과 타인의 감정, 내 진심과 사회가 요구하는 감정을 구분하지 못하면 결국 내 감정이 나를 공격한다. 감정을 잘 조절하는 것도 실제로는 내면의 열을 억지로 잠그는 일이 되기 쉽다. 코로나19 중증 환자에게서 나타났던 사이

토카인 폭풍cytokine storm(바이러스 감염시 면역계가 과도하게 활성화되어 정상 세포까지 공격하는 과잉 면역 반응)처럼 감정도 과잉 반응하다가 스스로를 망가뜨린다. 내가 나를 공격하는 상태, 이것이 바로 감정의 자가면역이다. 생명 에너지의 뿌리가 고갈되고 자살이라는 극단적 선택까지 이르게 된다.

감정의 뿌리를 다시 깊이 내려라

우리가 감정의 뿌리를 회복하려면 어떻게 해야 할까? 답은 의외로 단순하다. 머리를 식히고 아랫배를 따뜻하게 하는 것. 동양의학에서는 이를 '수승화강水昇火降'이라 부른다. 물은 위로 올라가고 불은 아래로 내려가야 한다는 원리다. 우리 몸의 불인 생명의 에너지는 하체에서 머리로 순환해야 한다. 그런데 현대인은 그 반대다. 머리는 과열되고 골반은 식어 있다. 뿌리가 차가우면 감정시계 태엽은 돌아가지 않는다. 생식선은 신체의 가장 깊은 곳에서 생명 에너지를 조율한다. 테스토스테론과 에스트로겐, 프로게스테론은 우리의 의욕과 욕망, 기쁨과 분노의 균형을 관장한다. 이 뿌리의 온도가 낮아지면 감정의 리듬이 멈춘다.

생식선의 건강을 지키는 첫 번째 방법은 배설이다. 땀과 소변,

대변, 그리고 오르가슴까지 모두 감정의 디톡스다. 부끄러워할 일이 아니다. 살아 있는 생명체에게 배설은 가장 근본적인 순환이다. 몸이 막히면 감정도 막힌다. 소화되지 않은 감정은 쌓이고 곪다가 안으로 폭발한다. 그래서 성적 에너지도 막히면 안 된다. 오르가슴은 몸의 리듬을 조율하는 감정 순환의 한 부분이다. 오르가슴 중에 분비되는 옥시토신과 도파민, 엔도르핀은 감정의 소모를 복원시키는 약과도 같다. 이것이 억제되면 몸도 마음도 점점 식는다.

두 번째는 생식선을 따뜻하게 하는 일이다. 장과 회음부를 따뜻하게 유지해야 감정 에너지가 뿌리에서부터 올라온다. 지나치게 긴장한 골반, 차가운 하체는 감정의 뿌리를 얼린다. 특히 골반이 냉증에 취약하다. 한국 사회는 과도한 좌식 생활과 스트레스로 인해 젊은 남녀 모두 골반의 순환이 나빠진 상태다. 따뜻한 좌욕, 복부 찜질, 고관절 스트레칭은 생식선을 위한 기본 관리다. 뿌리를 따뜻하게 하면 자연스럽게 머리는 식는다.

세 번째는 잠이다. 잠은 생식선 상태와 직결된다. 수면이 부족하면 남성의 테스토스테론 분비가 줄고 여성의 생리 주기도 흔들린다. 수면 부족은 곧바로 생식선의 기능 저하로 이어진다. 생식선이 흔들리면 감정도 무너진다. 잘 먹는 것보다 잘 자는 게 더 중요하다. 하루 한두 끼 덜 먹어도 괜찮지만, 잠은 다르다. 꿀잠 자는 사람의 감정 면역은 쉽게 무너지지 않는다.

네 번째는 몸의 뿌리를 사용하는 것이다. 현대인은 뇌만 쓰고 몸을 덜 쓴다. 특히 골반과 생식기 주변은 더욱 그렇다. 섹스하지 않는 사람도, 연애를 쉬고 있는 사람도, 생식선을 돌볼 필요는 있다. 케겔 운동처럼 골반저 근육을 단련하는 루틴을 가져라. 고관절을 풀어주고 회음부 주변의 순환을 좋게 하라. 굳은 몸은 감정의 순환을 막는다.

마지막으로 뿌리의 힘을 인정해야 한다. 감정의 회복은 머리로 하는 게 아니다. 이론이나 지식으로 감정을 회복할 수는 없다. 몸의 리듬을 되찾아야 한다. 몸의 리듬이 회복되면 감정은 저절로 따라온다. 생식선은 감정시계의 태엽이다. 태엽이 멈추면 시계는 작동하지 않는다. 감정을 지키는 일은 생명을 지키는 일이다.

감정시계 ON: 생식선 명상

뿌리 명상

1. 준비하기

- 욕조에 38~40도의 온수를 받고 얼음 수건 및 아이스팩을 욕조 옆에 준비한다. 물의 높이는 배꼽 위에서 명치 아래까지 채운다.
- 따뜻한 물이 몸의 중심으로 스며든다고 상상한다.
- 욕조에 들어가기 전엔 물을 한 컵 마신다. 케일즙이나 레몬수도 좋다.

2. 숨을 고르며 골반 감각 깨우기

- 욕조에 몸을 담그고 심호흡한다.
- 숨을 내쉴 때마다 아랫배가 따뜻해진다.
- 장과 골반에 의식을 집중한다.
- 하루에 쌓인 감정의 찌꺼기가 따뜻한 물에 녹아간다.

3. 케겔 운동으로 뿌리의 에너지 충전하기

- 항문을 살짝 조였다가, 버티고, 놓는다. 동작을 반복한다.
- 골반이 따뜻해지고 몸에 땀이 돌기 시작할 때까지 이어간다.

4. 머리를 식히며 감정 순환 완성하기

- 몸이 충분히 따뜻해졌다면 얼음 수건이나 아이스팩으로 두피, 이마, 관자놀이, 목덜미를 부드럽게 마사지한다.
- 하루 동안 과열된 머릿속을 식힌다.
- 머리는 시원하고 아랫배는 따뜻한 상태인 수승화강 상태에 도달한다.
- "나는 지금 감정을 정리하고 있다. 뿌리와 머리를 연결하고 있다."라고 마음속으로 되뇐다.

5. 감정의 중심으로 돌아오기

- 20분 정도 지나면 욕조에서 나온다.
- 짧게 시원한 물로 샤워한다. 온몸에 남은 열기를 정돈한다.
- 허벅지와 골반 주변 고관절을 3분 정도 가볍게 스트레칭한다.
- "오늘도 내 뿌리는 잘 버텼다."라고 말해본다.

9장

뇌간은 쾌락과 우울 사이에서 시간을 지운다

모두가 속도에 중독된 시대에 살고 있다. 눈을 뜨면 가장 먼저 스마트폰을 들고 짧은 영상으로 아침을 시작한다. 아침 식사는 간편식으로 때우고 출근길에도 발걸음에 괜히 속도가 붙는다. 회사에 도착하면 본격적인 멀티태스킹이 시작된다. 일과 중에도 브라우저에 수십 개의 탭을 띄우고, 스마트폰 알림을 확인하고, 동료의 말은 건너뛰고 내 할 말만 서두른다. 그렇게 하루를 보내고 밤이 되면 침대에 누운 채 다시 스마트폰을 들고 있다. 오늘 하루도 뭔가 열심히는 산 것 같은데 정작 무엇을 이룬 건지 선명하지 않다. 속도는 계속 붙는다. 왜 이렇게까지 서두르는지, 어디로 가고 있는지조

9장 뇌간은 쾌락과 우울 사이에서 시간을 지운다

차 모르지만 멈추면 뒤처질 것 같아서 계속 몸을 움직인다.

우리의 신경계는 이미 과열되었다. 정확히 말하면, 내 안의 뇌간이 가속을 멈추지 못하는 상태로 들어섰다. 뇌간은 뇌의 가장 밑바닥, 척수와 대뇌를 잇는 원시적 기관이다. 심장박동과 호흡, 혈압을 자동으로 조절하는 생존의 중추이며 동시에 감정의 속도와 리듬까지 관장하는 시스템이다.

신경과학자들은 뇌간을 '생체 리듬의 엔진'이라고 부른다. 연수와 교뇌, 중뇌로 구성된 이 기관은 우리 몸의 기본 템포를 관리한다. 심장이 얼마나 빠르게 뛰어야 할지, 호흡은 어떻게 조절해야 할지, 몸의 긴장도와 주의 집중은 어느 정도로 유지할지 모두 뇌간의 몫이다. 뇌간의 신경핵인 청색반점은 노르에피네프린을 분비해 긴장을 높이고, 뇌간 꼭대기에 위치한 복측피개영역은 도파민을 분비해 동기와 욕망을 증폭시킨다. 우리가 무언가에 몰입하거나 조급해지는 경험도 결국 이 뇌간의 리듬 변화에서 비롯된다.

감정 역시 뇌간의 속도 조절과 밀접하게 연결돼 있다. 뇌간도 우리의 내면 속도와 생체 리듬, 감정시계를 조율하는 태엽 같은 존재다. 감정시계가 정상적으로 작동할 때 우리는 자신만의 리듬으로 숨쉬고, 일하고, 사랑하고, 쉴 수 있다. 하지만 태엽이 비정상적으로 감기면 속도를 줄이지 못하고 시계는 계속 가속한다.

뇌간이 과열되면 몸은 각성 상태에 고정된다. 심장이 빨리 뛰고 호흡은 짧아지며, 자율신경계는 브레이크를 잃는다. 도파민 회로는 계속해서 새로운 자극을 요구한다. 우리는 더 많은 일을 더 빠르게 하려고 한다. 처음엔 그게 나를 효율적으로 만드는 것 같지만 어느 순간부터는 내가 왜 이렇게까지 하고 있는지 모르게 된다. 속도의 목적이 사라진다. 그때부터는 시간 감각도 혼란해진다. 시계추가 정상적으로 흔들려야 시간을 정확히 측정할 수 있는데 태엽이 과도하게 감기면 시계는 너무 빨리 움직이거나 갑자기 멈춘다. 감정의 리듬도 덩달아 무너진다. 하루가 어떻게 지나갔는지 모르겠고 반복되는 일상이 허무하게 느껴진다. 몸은 지쳤는데 멈추질 못한다.

신경학적으로 보면 과도한 속도감은 뇌간의 생리적 리듬이 깨진 결과다. 망상체 reticular formation라는 신경세포 네트워크는 뇌간 전체에 그물망처럼 존재하며 우리를 일정한 리듬에 맞춰 살아가게 한다. 뇌간에서 대뇌피질로 보내는 신호에 따라 우리는 깨어 있거나 잠든다. 뇌간은 생체시계와도 긴밀하게 연결돼 있다. 멜라토닌을 분비하는 송과체와도 정보를 주고받고, 24시간 주기의 생체리듬을 관리하는 시교차상핵과도 네트워크를 이루고 있다. 뇌간의 청색반점과 복층피개영역이 과도하게 활성화되면 리듬, 속도, 감정의 구분은 흐려진다.

도파민의 본질은 결핍이다

우리가 속도에 집착하게 된 이유를 의지나 문화의 문제로만 볼 수는 없다. 더 근본적인 원인은 신경계 안에 있다. 뇌간과 도파민 시스템의 관계를 이해해야 한다. 뇌간은 인간의 뇌에서 가장 오래된 영역이다. 진화론적으로 볼 때 파충류의 뇌에 해당하는 부위이며, 척수와 대뇌를 잇는 연결통로이자 생존의 핵심 시스템이다. 그런데 이 뇌간의 속도 조절 시스템은 기본적으로 '빠름=생존'이라는 공식에 맞춰 설계돼 있다. 생존 본능은 위험을 피하고, 먹이를 빠르게 획득하고, 경쟁에서 이겨야 했던 시대에 최적화된 구조다. 문제는 이 원시적 생존 회로가 21세기까지 그대로 남아 있다는 점이다. 기술이 아무리 발전해도 뇌간은 여전히 과거의 생존법칙으로 움직인다.

뇌간의 청색반점은 주의력의 스위치를 쥐고 있다. 이곳이 활성화되면 몸은 각성 상태로 진입한다. 심장이 빨라지고, 눈동자가 더 민감하게 움직이며, 주변 정보를 더 많이 받아들이려 한다. 교뇌와 연수는 심박과 호흡의 템포를 조절하고 중뇌에서는 근육 긴장도를 조율한다. 이 리듬 조절 시스템은 외부 자극에 민감하게 반응한다.

도파민이 분비되면 뇌간의 속도는 더욱 빨라진다. 도파민은 흔히 행복 호르몬으로 알려져 있지만, 실은 기대감의 신경전달물질이다. 무엇인가를 얻을 것이라는 기대감이 생기면 도파민 회로가 활성화된다. 뇌간과 도파민 시스템이 연결되는 이 지점에서 속도와 리듬의 균형이 무너지기 쉽다. 새로운 자극을 받으면 도파민이 분비되고 뇌간의 속도를 가속한다. 그 결과 우리는 더 빨리 움직이고 더 많은 것을 소비하고 더 자주 반응한다.

여기에는 진화적 맹점이 있다. 뇌간은 과거에 새로운 자극이 생존의 기회였던 시대를 전제로 움직인다. 먹잇감을 발견했을 때, 천적을 피해야 할 때, 새로 나타난 무언가에 반응하는 것이 곧 생존의 문제였기 때문이다. 하지만 지금은 상황이 다르다. SNS, 뉴스, 쇼핑 알림, 초단기 콘텐츠, 끝없는 푸시 메시지가 뇌간의 속도 회로를 계속해서 자극한다. 뇌는 이 모든 자극에 과거의 생존 이벤트를 대하듯 반응한다.

도파민의 본질은 결핍이다. 도파민은 우리를 행복하게 해주기보다 무언가를 더 하고 싶게 만든다. 도파민 시스템이 작동하면 우리는 만족하지 못하고 더 큰 자극을 찾아 움직인다. 사랑의 초기 단계에서 시간이 빠르게 흘러가는 것도, 게임이나 SNS에 몰입하다 보면 시간 감각이 왜곡되는 것도 결국 도파민과 뇌간의 속도 회로가 만들어내는 현상이다.

그 과정에서 우리는 내면의 감정 신호를 잃어버린다. 감정은 생체 리듬의 일부다. 기쁨, 분노, 슬픔, 불안 같은 감정은 모두 리듬을 가지고 움직인다. 그런데 뇌간의 속도 회로가 과열되면 감정의 리듬도 왜곡된다. 자연스러운 감정의 상승과 하강이 아니라 인위적인 자극의 반복으로 감정이 갈아치워진다. 설렘을 지속시키기보다 새로운 자극을 통해 도파민을 재충전하려 한다. 그 과정에서 감정의 속도를 조절하는 힘을 잃는 것이다. 사랑을 오래 지속시키는 건 도파민이 아니라 옥시토신이다. 옥시토신은 안정감과 유대를 강화해 관계를 유지하게 해주는 호르몬이다. 하지만 우리는 자극과 보상의 반복을 통해 옥시토신보다 도파민에 더 의존하게 된다.

 문명의 속도는 계속 올라가고 있지만 출산에 필요한 10개월이라는 시간은 단축되지 않는 것처럼 생명이 가진 리듬은 기술로 줄일 수 없다. 하지만 SNS, 설탕, 조명, 초단기 자극들이 모두 뇌간의 속도 회로를 자극하고 있다. 기업들은 가능한 한 짧은 시간 안에 최대의 쾌감을 주려 하고, 우리는 그 속도를 소비한다. 뇌간은 이제 멈추는 법을 잃어버렸다. 빠름이 곧 생존이던 시절이 지나도 뇌간은 과거의 방식을 반복한다.

감정의 불의 고리

뇌간이 지속해서 가속되면 시간이 지나치게 빨리 흐르는 느낌을 받게 된다. 게임이나 SNS를 하다가, 유튜브를 보다 정신을 차렸을 때 몇 시간이 사라져 있는 경험이 바로 그런 상태다. 도파민의 과잉은 생체 리듬의 템포를 건너뛰게 만든다. 설렘, 쾌감, 흥분은 뇌간의 속도를 높인다. 그러다 보니 감정의 상승 곡선만 계속 반복하고 하강 곡선을 잃어버린다. 하지만 감정이 상승만 하는 구조는 존재하지 않는다. 도파민은 반드시 피로를 남긴다.

우울은 시간을 느리게 만든다. 우울증 환자들에게 시간은 멈춘 것처럼 느껴진다. 신경학적으로 보면 우울은 도파민 시스템의 저하와 생체시계의 붕괴가 함께 발생한 상태다. 도파민의 보상 회로가 멈추고 뇌간의 속도계가 정상적으로 작동하지 않는다. 심장 박동, 호흡, 감정 반응의 템포가 느려진다. 특히 뇌간의 파라브라키알핵은 생리적 리듬과 감정 조절의 핵심인데 이 부분이 저하되면 일상적 활동조차 무의미하게 느껴진다. 최근 연구에 따르면 우울증은 대뇌피질의 감정 조절 능력 이상만이 아니라 뇌간의 속도 조절 기능 저하가 핵심 원인 중 하나라고 본다. 뇌간의 생체리듬이 마비될 때 멍해지기도 한다.

극심한 불안 상태에서는 시간이 삭제된다. 공황발작을 겪는 사람들은 종종 "어느 순간 기억이 끊겼다."고 말한다. 트라우마로 인한 해리성 기억상실 현상도 마찬가지다. 뇌간의 감각처리 시스템이 과도하게 가속되면 뇌는 순간을 인식하지 못한다. 마치 카메라 셔터 속도가 너무 빨라져서 피사체가 찍히지 않는 것과 같다.

이런 증상은 모두 뇌간의 리듬이 망가졌다는 신호다. 뇌간은 감정이라는 지형의 역동을 만드는 불의 고리와 같다. 생명의 열기와 리듬을 유지하기 위한 심부 에너지의 중심이다. 하지만 그 에너지가 조절을 잃으면 마치 환태평양 조산대에 지진이 발생한 것처럼 감정의 지각이 무너진다. 과민해진 감정의 속도나 통제 불가능한 분노는 '열불이 난다'고 표현한다. 실제로 염증반응과 감정은 깊이 연결돼 있다. 염증을 의미하는 'inflammation'이라는 단어 자체가 '타다'는 뜻의 라틴어 'inflammare'에서 왔다. 스트레스가 만성화되면 뇌간에 미세염증이 생기고 감정의 리듬을 무너뜨린다. 최근 면역정신의학 연구에서는 우울증과 불안장애를 염증성 질환으로 분류하기도 한다.

정상적인 감정의 리듬은 스프링과 같다. 외부 자극이 있으면 압력을 받았다가, 시간이 지나면 자연스럽게 원래대로 돌아온다. 하지만 병적인 우울 상태에서는 스프링이 더 이상 복원되지 않는다. 압력이 사라져도 다시 펴지지 않는다. 조울증의 경우는 더 복잡하다. 스프링 안쪽에서는 예기치 못한 방향으로 힘이 튀어오른다.

외부 자극이 없어도 속도계가 자기 멋대로 작동한다.

    그런데 보통의 사람들은 조울증 초기 증상을 대수롭지 않게 넘긴다. '나만 유난스러운 걸까', '다들 이 정도는 겪는 거겠지'라는 자기합리화가 신호를 묵살하게 만든다. 우울증 환자들이 치료를 받기까지 평균 10년 이상 걸린다는 통계도 있다. 뇌간의 속도계가 고장 났을 때 우리는 그것을 의지의 문제로 착각한다. 하지만 실제로는 뇌의 리듬이 엇나간 것이다. 그때 우리는 감정의 템포를 다시 회복하고 뇌간의 불의 고리를 감정의 엔진으로 되돌려야 한다.

브레이크가 고장 난 감정이 몸속을 달릴 때

감정의 속도가 무너지면 몸이 먼저 반응한다. 문제는 대부분의 사람들이 이 신호를 잘못 해석한다는 것이다. 잠을 못 이루는 증상부터 보자. 수면은 뇌간에서 조절하는 가장 기본적인 리듬이다. 뇌간의 망상체는 각성과 수면의 전환 스위치다. 그런데 감정의 속도가 비정상적으로 빨라지면 뇌간의 전환 시스템도 고장이 난다. 머리는 잠들고 싶은데 몸은 계속 경계 상태를 유지한다. 잠을 자도 잔 것 같지 않고 아침에 일어나도 몸이 무겁다. 반대로 감정이 너무 느려지면 수면과 각성의 경계가 사라진다. 하루 종일 누워 있어도 피곤하고 시간 개념이 희미해진다. 수면장애는 속도조절 실패의 대표적 신호인 것이다.

과식이나 폭식도 마찬가지다. 감정이 제대로 순환되지 못하면 식욕을 통해 자극을 찾는다. 뇌간의 내측 시상하부는 배고픔과 포만감을 조절하는데 감정 속도가 불안정할 때 이 회로가 교란된다. 감정의 결핍을 음식으로 채우려 하고 그 과정에서 다시 속도가 무너진다. 특히 탄수화물과 설탕은 빠르게 도파민을 자극하기 때문에 더 많이 찾게 된다. 이때는 사실 배가 고픈 게 아니다. 속도를 잃은 감정이 허기를 만들어낸다.

분노도 같은 맥락이다. 뇌간이 과활성화되어 편도체와 중격핵이 과열되면 우리는 작은 자극에도 폭발하게 된다. 이유를 설명하기 어렵다. 그냥 짜증이 나고 말이 거칠어진다. 마음속에서는 스스로도 이해할 수 없는 화가 쌓인다. 의지가 약해서가 아니다. 뇌간의 경계 시스템이 감정 속도를 감당하지 못하고 있다는 신호다. 몸과 마음이 한계에 도달했는데도 속도를 줄이지 못한 채 계속 가속하려 할 때 이런 반응이 나타난다.

공허함 역시 감정 속도의 붕괴로 나타나는 증상이다. 아무리 많은 일을 해도 성취감이 없다. 뇌간은 기본적으로 생명유지를 담당하지만, 감정의 리듬을 조율하는 역할도 한다. 복층피개영역과 흑질에서 생성되는 도파민 경로는 동기와 의욕을 만든다. 하지만 이 회로가 과잉 활성되거나 고갈되면 보상의 감각이 사라진다. 아무것도 성취한 게 없는 것 같다. 더 빠르게 움직이려고 해도 속도를 통제할 수 없다. 사실상 속도를 잃은 상태다.

과몰입도 속도 붕괴의 한 양상이다. 게임, 영상, 인터넷, 업무에 집착하는 사람들은 감정 속도를 잃어버린 상태에서, 한 가지 활동에만 몰입함으로써 템포를 유지하려 한다. 뇌간은 일정한 리듬을 유지하고 싶어 한다. 그래서 반복적이고 자극적인 행동에 빠지면 잠시나마 감정 속도를 붙잡아둘 수 있다고 착각한다. 하지만 과몰입은 결국 피로를 남기고 다시 더 큰 공허와 초조로 이어진다.

이런 신체 증상과 감정 반응들이 너무 흔해서 대부분의 사람들이 이를 병적인 신호로 인식하지 못한다. 하지만 속도에 대한 자가진단이 필요한 순간이다. 나는 지금 속도의 통제력을 잃은 채 가속 페달을 밟고 있는가? 내 감정의 템포는 내가 조절하고 있는가? 무언가에 쫓기듯 반사적으로 움직이고 있는가?

뇌간이 우리에게 요구하는 기술

감정과 리듬의 과열이 계속되면 몸은 염증으로 반응한다. 염증은 뇌와 몸의 속도를 조절하는 신호다. 염증의 본래 목적은 손상 부위를 복구하고 회복에 집중하라고 명령을 내리는 것이다. 뇌간은 그 명령을 받아 리듬을 늦추고 활동을 줄이도록 조절한다. 의욕을 떨어뜨리고 피로를 느끼게 하는 것도 그 일부다. 생존을 위한 브레이크가 걸리는 셈이다.

그런데 현대인은 뇌간의 브레이크 신호를 멈춤이 아니라 고장으로 받아들인다. 피곤하다고 느끼면 쉬는 대신 에너지 음료를 찾고 무기력해지면 더 자극적인 콘텐츠에 몰입한다. 뇌는 속도를 줄이려 하지만 도파민 시스템은 오히려 더 큰 자극을 요구한다. 이때 뇌간과 도파민 회로의 충돌이 일어난다. 뇌간은 에너지 절약을 지시하는데 도파민 회로는 계속 보상을 찾는다. 결국 회복은 이루어지지 않고 뇌와 몸은 만성 염증 상태로 빠져든다.

염증이 반복되면 뇌의 리듬도 망가진다. 연구에 따르면 뇌간의 염증은 도파민 경로를 직접적으로 교란한다. 복측피개영역과 흑질에서의 염증 반응은 보상회로의 민감도를 낮추고 동시에 더 큰 자극을 요구하게 만든다. 일종의 자극 저항성이 생긴다. 이전보다 더 많은 자극을 줘야 겨우 만족하는 상태. 이것이 바로 도파민 과잉과 염증이 맞물려 돌아가는 악순환의 핵심이다. 속도를 줄이지 못한 채 계속 자극을 요구하면 뇌간은 더 강한 염증 반응으로 다시 속도를 늦추려고 한다. 몸 안에서 불의 고리가 끓기 시작하는 순간이다.

염증 자체는 병이 아니라 몸과 뇌에 속도를 바꾸라고 보내는 경고다. 하지만 현대인은 이 신호를 읽지 못한다. 멈추는 걸 실패로 여긴다. 그래서 더 빠른 자극, 더 강한 속도를 요구하며 스스로를 재촉한다. 이때 뇌간과 도파민 회로는 정반대의 방향으로 움직이게 된다. 뇌간은 리듬을 늦추려 하고 도파민 회로는 자극을 더하라고 요구한다. 이 충돌이 반복되면 결국 만성 염증과 속도 중독의 악순환에 빠진다.

우리는 내면의 불의 고리를 감지해야 한다. 속도를 조절하는 루틴을 가져야 한다. 아침의 온도를 바꾸는 것도 하나의 방법이다. 찬물 샤워는 몸의 리듬을 조절하는 가장 간단하고도 강력한 방식이다. 긴장을 깨우는 방식으로 도파민을 사용하는 훈련이다. 처음부터 무리할 필요는 없다. 미지근한 물에서 시작해 점점 몸을 적응시켜나가면 된다.

하나의 일이 끝나면 완전히 쉬어야 한다. 멀티태스킹은 주의력의 사채와 같다. 단기적으로는 유능해 보이지만 장기적으로는 감정의 리듬을 망가뜨린다. 집중력이 흐트러질 때는 억지로 버티지 말고 잠깐 멈춰야 한다. 주의력과 감정의 에너지는 유한하다. 회복할 시간을 주지 않으면 결국 탈진한다.

목표 중심의 삶도 재설계해야 한다. 내가 오늘 무엇을 해냈는가보다 나는 어떤 방식으로 살아가고 있는가를 점검하는 것이 더 중요하다. 목표는 도파민을 소모하지만 시스템은 도파민을 순환시킨다.

경청도 감정의 리듬을 회복한다. 타인의 말을 온전히 듣는 행위는 옥시토신을 분비하고 과도한 도파민을 중화한다. 옥시토신과 도파민은 사회적 행동, 애착, 신뢰 형성에 있어 서로 상호보완적으로 작용하며 감정의 균형을 맞춘다. 말하려 하지 말고 들어야 한다. 경청은 속도의 과열을 방지하는 방법이다. 감정의 리듬은 타인과의 연결 속에서 복원된다.

사랑하는 사람과 함께 몸을 쓰는 시간도 필요하다. 함께 걷고 땀을 흘리는 시간은 단순한 신체 활동이 아니라 도파민과 옥시토신의 균형을 맞추는 자연스러운 방법이다. 스킨십과 운동은 오래가는 유대를 만든다. 몸이 기억하는 감정은 가장 오래 지속된다. 배출도 중요하다. 땀, 눈물, 숨, 대소변. 억눌린 감정도 마찬가지다. 울어야 할 때 울고 쉴 때는 완전히 쉬어야 한다. 배출을 생활화하지 않으면 감정의 염증이 쌓인다. 배출 없이 억눌린 것들은 만성염증이 된다.

무엇보다 자연의 속도에 귀를 기울여야 한다. 인간의 뇌는 아직도 자연의 리듬에 맞춰 살아가도록 설계되어 있다. 기술은 속도를 높였지만 생명은 자연의 리듬을 따라간다. 가능한 한 자주 자연과 함께 시간을 보내야 한다. 흙을 밟고, 나무를 보고, 바람을 느끼며 걷는 것만으로도 뇌간의 속도는 조절된다. 느림의 신호를 감지하는 연습을 반복해야 한다. 그게 진짜 회복이다. 우리는 더 정확하게 멈출 줄 알아야 한다. 그것이 지금 뇌간이 우리에게 요구하는 새로운 기술이다.

감정시계 ON: 뇌간 명상

온도 감지 밤 명상

1. 오늘의 감정 색깔 떠올리기

- 조용한 장소에 앉아 눈을 감는다.
- 하루 동안 나를 지배한 감정 하나를 떠올린다.
- 그 감정이 어떤 색일지 상상해본다. 어떤 색이라도 좋다.

2. 감정의 위치와 온도 느끼기

- 그 색이 내 몸의 어디에 머물러 있는지 살핀다. 가슴인가, 배인가, 혹은 목덜미나 등인가?
- 그 감정의 온도와 질감도 느껴본다. 따뜻한지, 차가운지, 무거

운지.
- 그 감정이 내게 건네는 메시지에 귀 기울인다.

3. 뇌간과 연결된 감정의 신호 듣기

- 내 뇌간이 지금 이 감정의 색으로 물들어 있다고 상상한다.
- 숨을 들이쉴 때 감정의 색이 조금씩 옅어진다.
- 숨을 내쉴 때 감정이 부드럽게 흩어진다.
- "그래, 오늘의 나는 이런 감정을 가진 사람이었어."라고 말하며 감정을 인정한다.

감정 순환 명상

1. 행복한 순간 떠올리며 웃기

- 가장 행복했던 순간을 떠올린다.
- 입꼬리를 올리고 눈웃음을 짓는다.

2. 분노의 순간 표현하기

- 안전한 공간에서 가장 분노했던 순간을 떠올린다.
- 감정을 억누르지 않고 몸으로 표현해본다. 소리를 질러도 좋

고 방 안에서 무음으로 몸짓만 해도 된다.
- 가슴과 턱, 손끝까지 감정을 밀어올려 비언어적으로 분노를 배출한다.

3. 슬픔의 얼굴을 허락하기
- 슬펐던 순간을 떠올린다.
- 얼굴을 찡그리고, 목소리를 떨고, 몸을 작게 웅크려본다.

4. 미소로 감정을 정렬하기
- 미소를 짓는다. 감정을 다룰 수 있다고 되뇐다.
- 뇌간이 자수정처럼 투명하게 정화된다고 상상한다.

몸을 감정의 그릇으로 만들기

1. 척추 세우기
- 척추를 곧게 세운다.
- 위협이 없는 안전한 상태라고 생각한다.

2. 호흡 따라가기

- 몸이 원하는 대로 숨을 쉰다.
- 모든 감각을 있는 그대로 느껴본다.
- 감정이 몸에서 어떻게 움직이는지 따라간다.

3. 긴 호흡으로 마무리하기

- 배를 부풀리며 숨을 깊이 들이쉬고, 배가 천천히 꺼지도록 내쉰다.
- 내 안의 시간도 조금씩 느려진다.
- 빠르게 숨을 쉬면 시간도 빠르게 흐르고, 천천히 숨을 쉬면 시간도 함께 느려진다.

10장

나라는 존재를 묻는다면, 섬엽을 보라

시간이라는 말은 너무 익숙해서 종종 그 본질을 잊는다. 매일 시계를 보지만 시간의 실체를 제대로 느끼지 못한다. "지금 몇 시야?"라는 질문에도 사실상 정확히 답하기 어려운 순간이 있다. 손목에 시계가 없거나 스마트폰을 꺼내지 못할 때를 생각해보라. 시간은 형태가 없고 만질 수도 없다. 그런데도 우리는 시간을 측정하고 시간을 조율하며 살아간다.

    지구는 약 23시간 56분을 주기로 자전하고, 365.25일을 주기로 태양을 돈다. 지구상의 모든 생명체는 이 주기에 적응하며 진화해왔다. 고대의 선지자들은 해와 달의 움직임을 관찰하고 그림자

10장 나라는 존재를 묻는다면, 섬엽을 보라

의 길이를 통해 시간을 측정했다. 밤에는 물의 흐름으로 시간을 재는 물시계를 썼고 물 대신 모래를 쓴 모래시계도 등장했다. 초가 타들어가는 속도로 시간을 재는 불시계, 달과 별의 움직임을 따라가는 천문학적 시간 측정법도 있었다. 하지만 이 방식들은 자연에 의존하기에 한계가 분명했다.

시간 개념을 근본적으로 바꾼 사건은 산업혁명이다. 기계식 시계의 대중화가 시간의 지배권을 신과 왕, 귀족에서 개인에게로 옮겼다. 시간을 통제할 수 있게 된 개인은 더 이상 자연의 리듬에만 의존하지 않았다. 시간의 해방은 시민혁명을 촉진했고 자본주의의 가속페달이 되었다. 시간을 가진 자가 세상을 지배한다는 말은 역사의 아이러니다. 시간을 정확히 측정하고 관리할 수 있는 능력은 근대 이후 경쟁력의 척도가 되었다.

하지만 4차 산업혁명 시대에 접어든 지금 우리는 다시 시간을 빼앗기고 있다. 자연으로부터 시간을 느끼는 능력을 상실한 것이다. 스마트워치가 초 단위로 우리의 하루를 쪼개지만 몸속의 시간은 갈수록 무뎌진다. 그렇다고 우리가 시간 감각을 완전히 잃어버린 건 아니다. 시계만큼 정밀하지는 않지만 누구나 시간의 흐름을 감각적으로 느낀다.

아인슈타인은 상대성이론을 설명하며 이런 말을 남겼다. "좋은 사람과 보내는 30분은 5분처럼 느껴지고, 지루한 기차 여행의

5분은 30분처럼 길게 느껴진다." 시간이 절대적이지 않고, 감각적으로도 조절된다는 의미다. 어떤 사람은 사랑에 빠지면 시간이 빨리 간다고 말한다. 이것이 바로 시간과 감정의 연결이다.

심리학도 이 주관적인 시간 감각을 오래 연구해왔다. 사람은 사건이 얼마나 지속되었는지를 어떻게 지각할까? 이 질문에 대한 답을 찾기 위해 생체시계라는 개념이 등장했다. 연구 초기에는 사건의 강도와 빈도, 간격, 지속 시간 등을 통해 시간 감각을 설명하려 했다. 쉽게 말해 절대적인 시간 속에 얼마나 새로운 경험을 했느냐가 시간의 길이를 다르게 느끼게 만든다는 가설이었다.

이렇게 시간과 감정의 리듬을 통합하는 몸속의 장치는 섬엽이다. 섬엽은 뇌 깊숙한 곳에 숨어 있지만, 감정시계를 체험하게 만드는 회로다. 섬엽을 깨우지 않으면 시간과 감정 감각 모두 흐릿해진다.

감정시계를 켜두는 법

시간은 사건의 총합 같다. 하루 종일 누워 스마트폰만 보면 금세 하루가 지나간 것 같아 후회하게 되고, 반대로 듣기 싫은 이야기를 들을 때는 시간이 멈춰버린 것처럼 느껴진다. 하지만 시간을 느끼는 감각이 단순히 사건의 강도와 기억의 밀도만으로 결정되는 것은 아니다. 보고 싶은 사람을 기다릴 때는 아무리 재미있는 영상을 봐도 시간이 느리게 가고, 지루하다는 영화도 완전히 몰입해 몇 번이고 시청을 반복하기도 한다. 뇌와 몸의 지각에 따라 시간은 달라진다.

수면과 각성, 심박수와 호흡, 체온과 자율신경계, 면역과 호르몬 분비까지, 몸의 거의 모든 기능은 생체리듬에 맞춰 돌아간다. 생체리듬은 생명 유지를 위한 기본 장치다. 이 리듬이 깨지면 생존 자체가 위태로워진다. 원시시대라면 밤과 낮의 경계를 구분하지 못하는 사람은 생존의 가장자리로 밀려났다. 밤에 조심성 없이 움직였다가는 포식자의 먹잇감이 되기 쉽기 때문이다. 지금도 응급실에서는 가장 먼저 체온, 맥박, 혈압, 호흡수를 확인한다. 생체리듬의 붕괴는 곧 생명의 위급함을 뜻한다.

이 리듬은 유전자에 내장되어 있다. 수억 년 전 시안박테리아부터 시작된 생체시계는 kaiA, kaiB, kaiC 유전자 클러스터를 통해 대사와 생리를 조절해왔다. 인간의 몸속에서도 마찬가지다. 해와 달, 바람과 구름, 빛과 어둠 같은 자연의 주기는 몸속에서 하나의 생리적 파동으로 번역된다. 햇빛을 보지 않아도 우리는 밤과 낮을 어림할 수 있다. 세포 내에 새겨진 시계 유전자 clock genes, 즉 생체시계 덕분이다.

생체리듬의 존재는 식물 실험에서도 확인되었다. 미모사는 빛이 없는 곳에서도 낮이 되면 잎을 펴고, 밤이 되면 잎을 접는다. 생체시계가 식물 안에도 있다는 증거다. 이후 초파리와 쥐, 인간을 대상으로 한 연구에서 생체시계 유전자가 발견되었고, 이를 연구한 세 과학자들은 노벨 생리의학상까지 수상했다. 수면과 대사뿐 아니라 감정의 기복 역시 생체리듬의 영향을 받는다는 사실도 밝혀졌다. 낮에 활발해지고 밤에 차분해지는 기분의 변화는 단순한 감정의 문제가 아니라 생체시계의 조율 결과다.

현대사회는 이 리듬을 철저히 무너뜨리고 있다. 공감의 퇴화, 감각의 무딤, 타인의 감정을 읽어내는 능력의 쇠퇴가 섬엽의 기능을 약화시키고 있다. 섬엽은 몸의 상태를 감지하고 감정과 느낌을 조율하고 시간의 흐름을 의식의 무대에 올리는 뇌의 플랫폼이다. 섬엽이 제대로 작동하지 않으면 감정의 리듬을 잃는다. 그러면 시간도 잃고 느낌도 잃는다. 감정과 시간의 연결이 끊어지면 타인과의 공명도 잃는다. 생체리듬은 감정시계다. 그런데 우리는 그 시계를 켜두는 법을 점점 잊어가고 있다. 감정의 리듬을 회복하고, 시간의 감각을 되살리는 일은 섬엽을 깨우는 일과 같다. 감정시계의 마지막 태엽을 돌리기 위해 우리는 '뇌의 섬'으로 가야 한다.

고립된 무인도

어떤 자극을 받으면 먼저 몸이 반응하고, 그 반응이 뇌에 표상으로 올라와 의식의 무대에 도달해야 비로소 느낌이라는 형태로 인식된다. 뇌가 없어도 감정은 존재할 수 있다. 하지만 느낌은 뇌를 거쳐야 한다. 이때 역할하는 것이 섬엽이다. 섬엽은 시간과 감정을 동시에 조율한다. 섬엽은 전두엽과 두정엽, 측두엽 사이의 외측 틈새 안쪽에 숨어 있는 대뇌피질의 일부다. 겉으로는 잘 보이지 않지만, 이곳은 몸의 상태를 감지하고 감정을 표상하며, 외부 세계와의 연결감을 형성하는 곳이다. 내 심장이 얼마나 빨리 뛰는지, 소화가 잘 되는지, 이 상황이 얼마나 창피한지 느끼게 해준다. 섬엽은 매일매일 새로운 '나'를 갱신하는 장소이자, 느끼는 존재로서의 인간을 만드는 자리다.

옥스퍼드대학교 연구진은 섬엽과 전전두엽 피질이 인간에게서 가장 늦게 진화한 뇌 영역이며, 동시에 노화의 영향을 가장 먼저 받는 영역이라는 사실을 밝혔다. 노화할수록 침팬지는 보상 행동과 습관을 담당하는 줄무늬체가 더 빨리 위축되지만 인간은 섬엽이 먼저 퇴화한다. 진화적으로 가장 늦게 획득한 능력이 가장 먼저 사라지는 것이다. 그 대가는 공감 능력의 퇴화다. 섬엽은 공감과 도덕, 의식, 행복, 감정 조율 같은 고차원적 기능을 담당한다. 나는 이것이야말로 감정시계의 기계적 기반이라고 생각한다. 섬엽은 시간이라는 외부 세계와 감정이라는 내면의 세계가 만나는 뇌 속의 교차로다. 섬엽이 제대로 작동하지 않으면 우리는 자신의 감정을 인식하지 못하고 감정과 시간의 흐름을 연결하지 못한다. 시간의 리듬 속에서 감정을 조율할 수 없다는 뜻이다. 문제는 이 섬엽의 사용법을 대부분의 사람들이 잊고 살아간다는 점이다. 감정을 숨기고 억누르는 시대에 섬엽은 점점 고립된 무인도가 되어가고 있다.

'배가 뭉친다', '가슴이 답답하다', '어깨가 무겁다', '머리가 띵하다' 같은 표현들은 모두 신체의 감각인데 섬엽은 이 감각을 포착하고 감정의 이름을 붙여준다. 그런데 트라우마나 감정 마비 상태에 빠졌을 때 섬엽은 기능을 멈춘다. 몸에서는 여전히 반응이 일어나지만 느끼지 못한다. 예를 들어 분노가 치밀지만 그걸 분노라고 자각하지 못하는 사람의 섬엽은 기능하지 못하는 상태다. 섬엽은 감정의 파형을 나의 일부로 인식하게 만드는데 섬엽이 기능하지 못하는 상태에서 그런 파형은 그저 흘러가는 노이즈일 뿐이다. 겉보기에 멀쩡하지만 느끼지 못하고, 연결되지 못하고, 설명하지 못하는 사람이 된다.

같은 맥락에서 섬엽은 예측 기능과도 연관이 있다. 현대 신경과학은 뇌를 일종의 예측 기계로 본다. 뇌는 매 순간 다음에 무슨 일이 일어날지 예측하며, 그 예측이 빗나갈 때 감정을 만든다. 기쁨은 예측보다 현실이 더 좋을 때, 슬픔이나 분노는 그 반대일 때 생긴다. 이때 섬엽은 현재의 감각과 기억, 예측 간의 오차를 조율하는 센터 역할을 한다. 다시 말하면 감정은 예상과 현실의 차이에서 발생하고, 섬엽은 그 차이를 해석한다는 것이다. 우리가 영화의 어떤 장면을 보며 이유 없이 울컥할 때, 어떤 음악에 이유 없이 감동할 때, 섬엽은 그 이유 없는 감정을 발생시킨다. 단어로는 포착되지 않는 미묘한 감정을 섬엽은 인지하고, 기억하고, 통합한다.

그렇다면 어떻게 섬엽을 깨울 것인가? 첫 번째로 감정을 측정하는 습관을 만들어야 한다. 매일 아침 거울을 보면서 자신의 표정을 살펴보라. 어제의 나와 오늘의 나는 어떻게 다른가? 눈가의 주름, 입꼬리의 각도, 이마의 긴장도. 미세한 표정의 차이를 읽으려고 노력하는 순간 섬엽이 활성화된다. 감정의 스펙트럼을 섬세하게 인식하는 것은 섬엽을 깨우는 첫 번째 루틴이다.

두 번째는 시간을 감정으로 환산하는 연습이다. 하루에 한 번, 지금 내 기분을 시간으로 표현해보라. "나는 지금 오후 3시 같은 기분이다." "지금의 나는 새벽 4시 같다." 이런 식의 표현을 반복하면 섬엽의 감정-시간 회로가 활성화된다. 시간과 감정을 분리하지 않고 통합적으로 느끼는 훈련이다.

세 번째는 감정의 속도를 인식하는 일이다. 심장박동이 BPM

으로 측정되듯 감정에도 리듬과 속도가 있다. 지금 내 감정의 BPM은 몇인가? 느리고 무거운가, 빠르고 가벼운가? 이 감정의 속도를 체크하는 습관이 섬엽을 자극한다.

　이 세 가지 루틴을 반복하면 섬엽은 점차 깨어난다. 공감의 회로가 다시 작동하고, 타인과의 연결이 회복되며, 감정의 리듬을 조율할 수 있게 된다. 감정시계는 섬엽을 사용하는 기술이다. 각자의 시간 감각이 다르듯 각자의 감정 리듬도 다르다. 그 리듬을 알아차리고 조율하면 감정시계가 제대로 작동한다.

행복의 기원

섬엽은 나를 위한 감정 회로이자, 타인을 위한 공명 회로다. 우리는 때때로 누군가의 말을 듣고 울컥한다. 간접 경험임이 분명한데도 그의 말, 눈빛, 떨리는 목소리에 마음이 크게 휘청인다. 이 감정의 출처는 논리나 서사 법칙으로부터 오는 게 아니다. 섬엽이 타인과 공명하는 것이다. 섬엽은 타인의 정서적 진폭을 자기 감정처럼 받아들인다.

　티베트 불교의 스님 마티유 리카르Matthieu Ricard는 세상에서 가장 행복한 사람으로 알려져 있다. 그는 30년 넘게 명상을 해왔다. 그의 뇌에서는 왼쪽 전전두엽 피질의 활성이 오른쪽보다 월등하게 높게 나타났다. 이는 뇌가 긍정적 감정에 어떻게 반응하고 조절하는지를 보여준다.

위스콘신대학교의 리처드 데이비드슨 Richard Davidson 교수의 연구에 따르면, 명상에 들어갈 때 이마 뒤쪽의 전전두엽 피질에서 오른쪽 활동은 줄고 왼쪽 활동은 늘어난다. 오른쪽은 부정적 감정과 스트레스를, 왼쪽은 긍정적 감정과 만족감을 담당한다. 부정적 사고를 주로 하는 사람은 오른쪽이, 낙관적 사고를 하는 사람은 왼쪽이 더 활발하게 작동한다.

더 흥미로운 사실은 의로운 선택을 하는 사람들의 뇌에서도 이런 차이가 드러난다는 점이다. 위기 상황에서 타인을 위해 행동한 사람들의 뇌에서는 섬엽의 활성이 눈에 띄게 증가했다. 특히 좌측섬엽은 타인의 고통을 자기 고통처럼 느낄 때 활성화된다. 우리가 타인을 도울 때 뇌에서 의미의 보상 회로가 작동하는 것이다.

행복은 결국 타인과의 연결에서 온다. 그것은 감정과 시간의 리듬을 맞추는 과정이다. 감정시계가 멈추면 우리는 행복을 잃는다. 섬엽이 작동하지 않으면 우리는 나와 타인의 리듬을 조율할 수 없다. 행복이란 감정과 시간의 교차점에서 발생하는 섬엽의 리듬이다.

감정시계 ON: 섬엽 명상

감정시계 그리기

1. 감정시계 그리기

- 잠들기 전, 다음 페이지의 감정시계 작성 예시와 같이 시간별로 오늘 어떤 감정을 느꼈는지 기록한다.
- 기억에 남는 감정만 골라 이모티콘이나 단어로 표현한다.

2. 핵심 감정 한 가지 선택하기

- 지속시간, 강도, 빈도를 고려해 가장 지배적이었던 핵심 감정을 하나 고른다.

3. 핵심 감정 표현하고 정화하기

– 핵심 감정으로 아래 예시처럼 감정을 표현하는 법을 훈련한다.

- 행복: 세상에서 가장 행복한 사람처럼 2분 동안 진심으로 웃는다. 좋은 기억을 떠올리며 얼굴 전체로 웃음을 퍼뜨린다.
- 분노: 세상에서 가장 화난 사람처럼 2분 동안 제대로 화를 낸다. 소리치지 않아도 좋다. 속으로라도 감정을 남김없이 표현한다.
- 슬픔: 세상에서 가장 슬픈 사람처럼 2분 동안 운다. 울 듯한 표정을 짓고 감정을 느낀다.

– 2분 동안 미소를 지으며 마무리한다.

〈감정시계 작성 예시〉

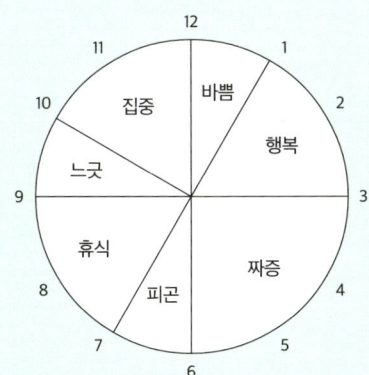

다음 주가 수능이라던데, 내가 고3이 아니라는 사실에 행복했다.

뭔가 더우니까 예민해지는 것 같다.

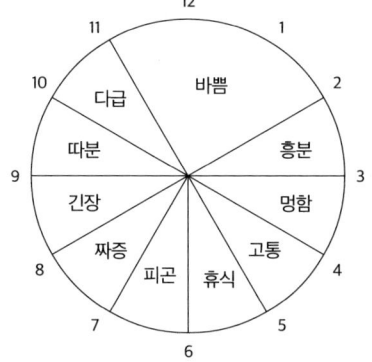

갑자기 해야 할 일들이 몰려와서 바쁘고 여유가 없다.

오랜만에 악몽을 꿨다. 어떤 사람이 나를 물에 빠뜨리고 못 나오게 누르고 있었다. 물속에는 내가 죽기를 기다리는 악어가 있었다.

10장 나라는 존재를 묻는다면, 섬엽을 보라

감정 캘린더 작성하기

1. 감정 캘린더 작성하기
- 다이어리나 달력 등에 매일 핵심 감정을 기록한다. 색깔이나 한 문장으로 남겨도 좋다.
- 감정의 강도도 1~10까지 수치화해 적어둔다.

5. 한 달 뒤, 감정 변화 패턴 분석하기
- 한 달 동안의 기록을 바탕으로 어떤 시간대에 어떤 감정이 반복되는지, 어떤 요일이 힘든지, 나만의 감정 리듬을 찾는다.
- 패턴을 활용해 내일의 감정시계를 미리 그려본다.
- 미리 그려둔 감정시계를 염두에 두고 하루를 보낸 뒤 실제 그날 느꼈던 감정과 비교해본다.
- 달랐다면 그 이유를 적어본다.

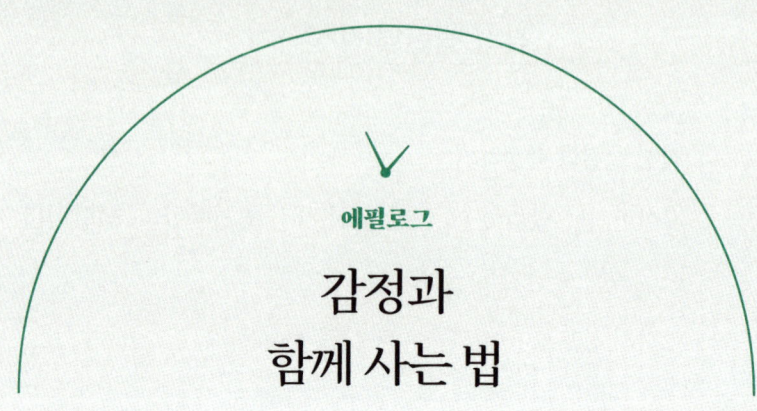

에필로그

감정과
함께 사는 법

정신과 의사인 내 주변에는 어떻게 하면 감정의 노예 상태를 벗어나 내 감정의 주인이 될 수 있는지 묻는 이들이 많다. 대부분 이성을 잃고 감정에 휘둘리는 자신이 부끄러워 참을 수 없는 것이다. 누군가는 분노로, 누군가는 불안으로, 누군가는 말할 수 없는 슬픔으로 인해 삶이 흔들린다. 그러나 나는 그런 질문에 명쾌하게 답하지 못하고 조용해진다. 내 삶을 돌아보면 돌아볼수록 가장 중요한 선택은 감정의 힘이 결정지었기 때문이다. 나는 내게 질문하는 사람들에게 당연히 당신은 감정의 노예가 아니라고 말하고 싶지만, 동시에 감정 없이는 지금의 내가 될 수 없었다고 확신한다.

감정의 힘이 내 삶에 언제부터 큰 영향을 미쳤는지 생각해보면, 아득한 유년 시절로 거슬러 올라가야 한다. 다섯 살 무렵, 충청남도 논산의 시골집 마당. 아버지가 드시던 영양제가 유독 궁금했다. 나는 조르고 떼쓰다 아버지로부터 결국 숟가락에 아주 적은 양의 영양제 한 술을 얻어냈다. 기분이 한껏 올라 마당을 뛰어다니던 나는 그 순간 숟가락을 문 채 툇마루에서 떨어졌고, 날카로운 금속이 식도를 찢었다. 곧장 병원으로 실려 왔고 네 번의 대수술과 1년 가까운 입원 생활이 이어졌다. 숨조차 스스로 쉬지 못하고 목에 튜브를 단 채 누워 있었다. 이후로 피, 수술, 흉터, 병원 냄새 같은 것들이 모두 공포의 대상이 되었다.

그러나 그 공포가 결국 나를 끌어당겼다. 자의 반 타의 반으로 의대에 진학해서 피와 칼, 수술과 통증을 마주하는 직업을 택했다. 의과대학 첫 채혈 실습에서는 극도의 긴장감으로 발생하는 미주신경성실신으로 쓰러졌다. 수술실 냄새에 구토하기도 했다. 하지만 이상하게도 그 공간을 떠날 수 없었다. 나는 오히려 그 트라우마적 감정의 진원지를 파고들고 싶었고, 공포가 삶의 방향을 결정하게 되었다. 외과가 아닌 정신과를 선택했고, 지금은 이 분야에서 누구도 다루려 하지 않는 만성통증 환자들을 만난다. 말로 다 표현되지 않는 고통, 원인을 알 수 없는 불편함, 의학적으로는 설명이 되지 않는 괴로움을 겪는 그들이 내 감정의 어두운 잔해를 비추는 거울이 되었다.

그러면 나는 감정의 노예일까? 내 인생은 지금껏 감정이 이끌어왔다. 때론 자기파괴적이었고, 불안했고, 심하게 탈진했다. 하지만 공부를 거듭한 끝에 감정에는 명확한 리듬이 있다는 사실을 알게 되었다. 문제는 그 리듬이 잘 감지되지 않는다는 사실이다. 사람들은 자신이 어떤 리듬에 사로잡혀 있는지 모른다. 보통 그것은 충동이나 습관의 형태로 흘러나오는데, 우리는 거기에 잘못된 결단, 이상한 행동, 감정 조절 실패라고 이름을 붙인다.

그러나 춤을 배운다고 생각해보자. 처음 춤을 배울 때 리듬을 타지 못하고 뻣뻣한 동작을 좀처럼 벗어나지 못하더라도 우리는 스스로를 '실패자'라거나 '춤의 노예 상태에 있다'고 생각하지 않을 것이다. 대단한 재능이 있는 게 아니라면 대부분은 조금씩 관절을 움직여가며 리듬과 동작에 익숙해져야 한다. 감정도 통제하거나 억제하기보다 먼저 감정의 리듬을 듣는 법을 익혀야 한다. 처음엔 서툴고, 당황스럽고, 다루기 어렵지만, 리듬에 몸을 실어보고 반복하면 익숙해진다.

이것은 단번에 가능한 일이 아니다. 외국어를 배우듯, 춤을 익히듯 반복과 실패의 과정도 필요하다. 이 책이 도모하는 것은 그동안 우리가 소외시켜왔던 몸속의 태엽들에 말을 거는 일이다. 질문하고, 느끼고, 상상하고, 소통하는 훈련을 통해 감정의 리듬은 회복된다. 감정과 불화하지 않고, 감정에 굴복하지 않고 함께 춤을 출 수 있게 된다. 감정은 누구도 지배하려고 하지 않는다. 다만 감정의 리듬에 무지한 이들을 잠식할 뿐이다.

과민한 의사

전공의 시절 내 이메일 아이디는 'irridoc'이었다. 'irritable doctor(과민한 의사)'의 줄임말이다. 감정에 예민하게, 과하게 반응한다고 놀림받던 시절이었다. 동료들의 장난 섞인 지적이 내게 상처이기도 했지만, 한편으론 나를 객관화하는 거울이기도 했다. 나는 늘 들끓는 감정을 어떻게 다뤄야 할지 고민했다. 그러다 명상을 접했고, 조금씩 'be as you are(있는 네 모습 그대로)'라는 말을 마음속에 새기게 되었다.

연구자인 나에게 명상은 이론이나 치료법을 넘어서 감정과 존재를 실감하는 통로였다. 감정을 억누르거나 교정하려는 태도에서 벗어나, 그 감정이 무엇인지 들여다보고 그대로 두는 것이다. 이것이 감정시계를 관리하는 가장 지혜로운 방법이라는 것을 알게 되었을 때는 정신과 의사로서 하나의 실마리를 잡은 듯한 기분이었다. 그래서 그다음 내 이메일 아이디는 'basuare'였다. 있는 그대로의 나, 감정을 억누르지 않고 함께 살아가는 법을 익히고자 한 작은 선언이었다.

　이는 수용이나 체념과는 다른 태도다. 오히려 그 반대다. 내가 어떤 감정을 느끼는지, 내 안의 리듬이 어떻게 흔들리고 있는지를 정확히 인식할 수 있을 때 비로소 우리는 그것을 선택할 수 있다. 억눌러도 사라지지 않는 감정, 무시해도 잠잠해지지 않는 격정은 오히려 있는 그대로 있을 때 다루어질 수 있다. 명상이 가르쳐준 것이다.

　명상은 몸은 이완되지만, 의식은 고도로 각성한 상태를 요청한다. 이 상태는 그 유명한 '유레카 Eureka'와 비슷하다. 아르키메데스가 어떤 문제의 해결에 골몰하는 중 지친 몸을 쉬기 위해 목욕탕에 들어갔다가 벼락처럼 어떤 원리를 깨닫던 순간, 무언가를 툭 놓았을 때 문득 이해하게 된 상태와 같다. 이완 속에서 감정의 파동을 있는 그대로 허용할 때, 그 리듬은 자연스럽게 드러난다. 감정은 무언가를 강요하지 않는다. 다만 끊임없이 말을 건넨다. 들을 준비가 된 사람에게만 그 리듬은 새로운 길을 열어준다.

세계의 몰락 앞에서

우리는 오늘날 '이성의 시대'가 끝나는 장면을 목격하고 있다. '인간 존재의 본령이 이성'이라고 외치던 데카르트의 세계는 AI의 압도적인 계산능력 앞에서 몰락하는 중이다. AI는 더 빠르고, 더 정확하며, 더 절제된 방식으로 사고·판단한다. 인간은 그 앞에서 상대적으로 실수하는 존재, 비합리적인 존재, 불완전한 존재로 여겨지기 시작할 것이다. 감정은 이 구도에서 변두리로 밀려나 있다. 비논리적이고, 비효율적이며, 예측할 수 없기 때문이다.

나는 지금 시대를 '소시오패스 전성시대'라 부르고 싶다. 감정 없이 판단하고, 망설임 없이 실행하며, 공감 없이 효율을 추구하는 부류. AI와 가장 가까운 인간상이다. 사람들은 그런 능력을 우러러본다. 정확하게 말하면, 현대사회에서 살아남기 적확한 인간상이다. 공감은 경쟁의 약점으로, 불안은 전문성의 결핍으로 해석된다. 하지만 그런 냉철함과 효율이 필요한 일은 이제 AI가 모두, 인간보다 월등히 잘할 것이다.

감정은 인간이 생명을 유지하기 위해 진화시킨 가장 정밀한 감각 체계다. AI는 감정을 흉내 낼 수 있지만, 감정을 가질 수는 없다. 감정은 시간의 파동을 따라 몸이라는 유기적 매개를 통해 살아 움직인다. 그것이 감정의 유일무이한 본질이다. AI는 그런 감정이 발생시키는 역동성, 즉 생명력이 없다. 감정은 우리가 인간이라는 증거이며 우리 삶의 방향을 결정하는 나침반이다.

정신과 의사로서 내가 가장 깊이 몰입해온 연구 주제는 '뇌, 몸, 마음의 상호작용'이다. 뇌의 구조가 어떻게 삶의 고통을 저장하고, 몸이 어떻게 감정의 통로가 되며, 마음이 그것을 어떻게 해석하는지를 꾸준히 관찰해왔다. 그리고 이 책에서 내가 제시하는 감정시계, 루틴, 명상 등은 복잡한 의학지식이나 이론을 모르는 개인도 뇌, 몸, 마음의 상호작용을 느낄 수 있게 한다.

분명 객관적 지능IQ을 요구하는 일 대부분을 AI가 대체하면, 사회는 감정지능EQ에 주목할 것이다. AI와 구분되는 '인간다움'에 대한 재조명은 우리 사회와 개인 삶의 양식에 큰 변화를 가져올 것이다. 그러니 이제 우리에게는 더 빠르게 계산하는 능력 대신 더 섬세하게 감정을 감지하고 공감하는 능력이 필요하다. 다시 '인간되기'를 연습해야 할 시간이 왔다.

감정은 인간을, 나를 이해하기 위한 신호다. 그것을 잘 헤아릴 때 우리는 과거에 사로잡히거나 미래의 기대에 짓눌려 삶을 갉아먹지 않을 것이다. 제대로 작동하는 감정시계는 현재를 제대로 사는 힘이 된다. 앞으로 소시오패스처럼, 감정 없이 컴퓨터처럼 움직이는 사람이 아니라, 잘 느끼고 잘 표현하는 사람이 주목받을 것이다. 그러니 감정을 더는 부끄러워하거나 숨기려 하지 말고

'respect(존중)'하자. 이 단어의 'specere(보다)'라는 라틴어 어원처럼 우리가 감정을 다시 들여다보는 순간, 삶은 분명 더 나은 방향으로 나아가기 시작할 것이다.

내면의 리듬에 귀 기울이고, 감정의 파동을 존중하며 살아가자는 것이 결국은 내가 이 책에서 말하고자 했던 전부다. 나는 모두에게 'Well-being(나와 잘 지내기)'을 넘어 'Now-being(나를 느끼기)'을 지나 'Here-being(나 자신으로 존재하기)'을 요청한다. 감정의 리듬 위에 살아 있는 것만이 진짜 '살아 있음'이니까.

〈감정시계 1달 연습지〉

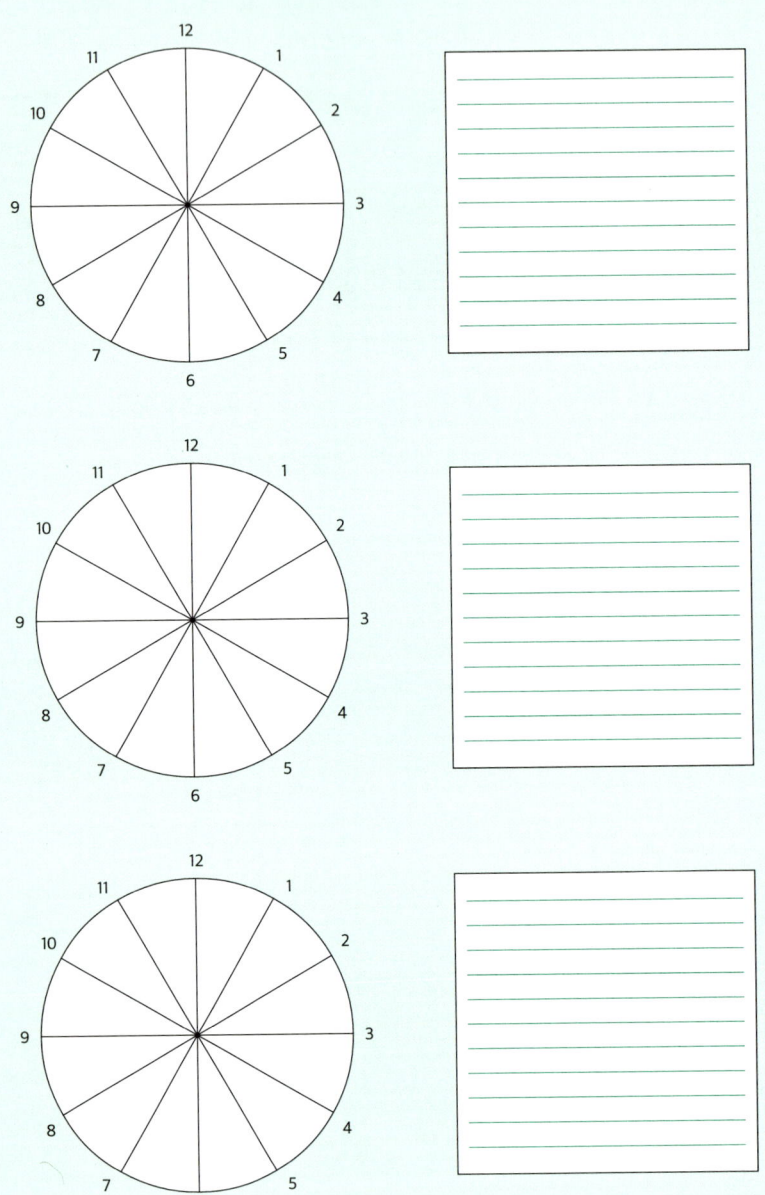

부록 감정시계 1달 연습지

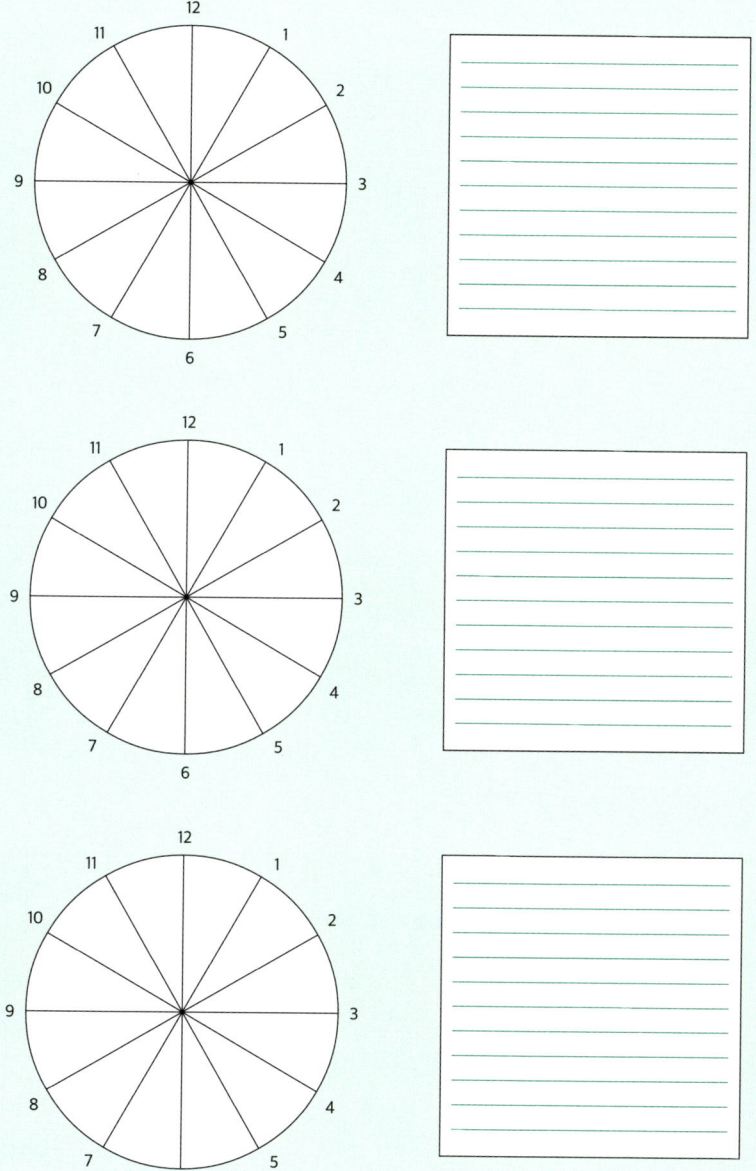

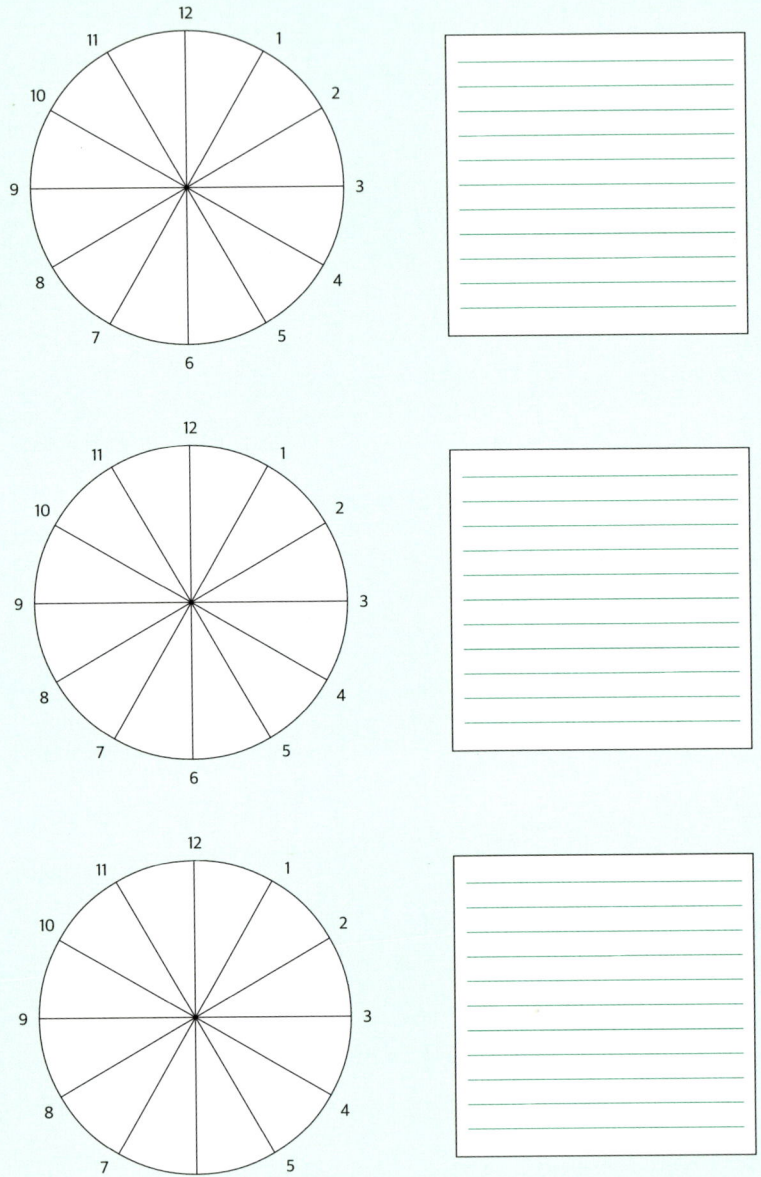

부록 감정시계 1달 연습지

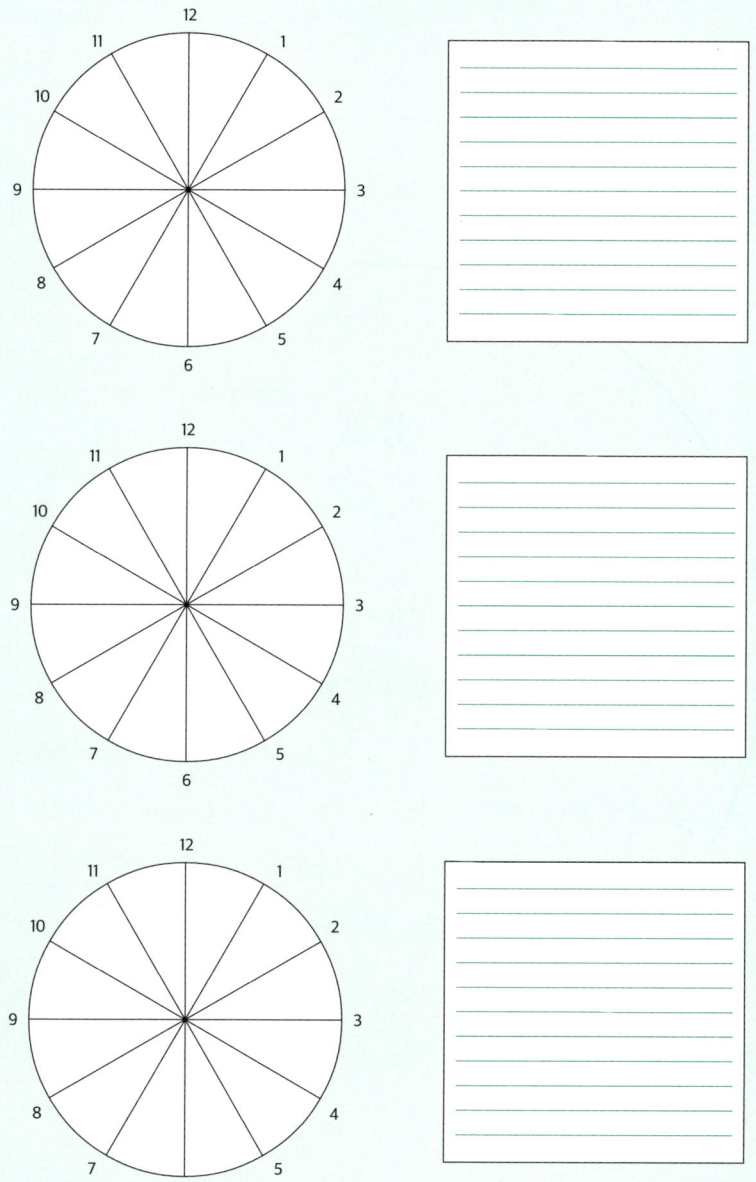

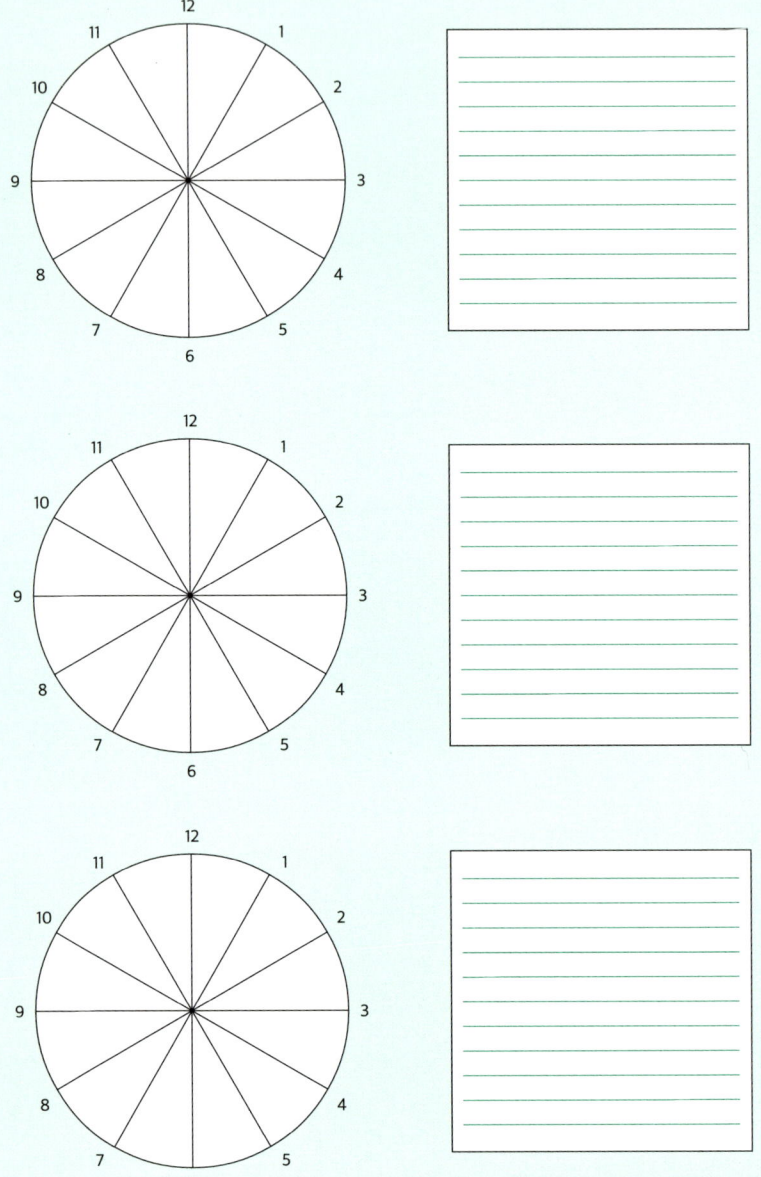

부록 감정시계 1달 연습지

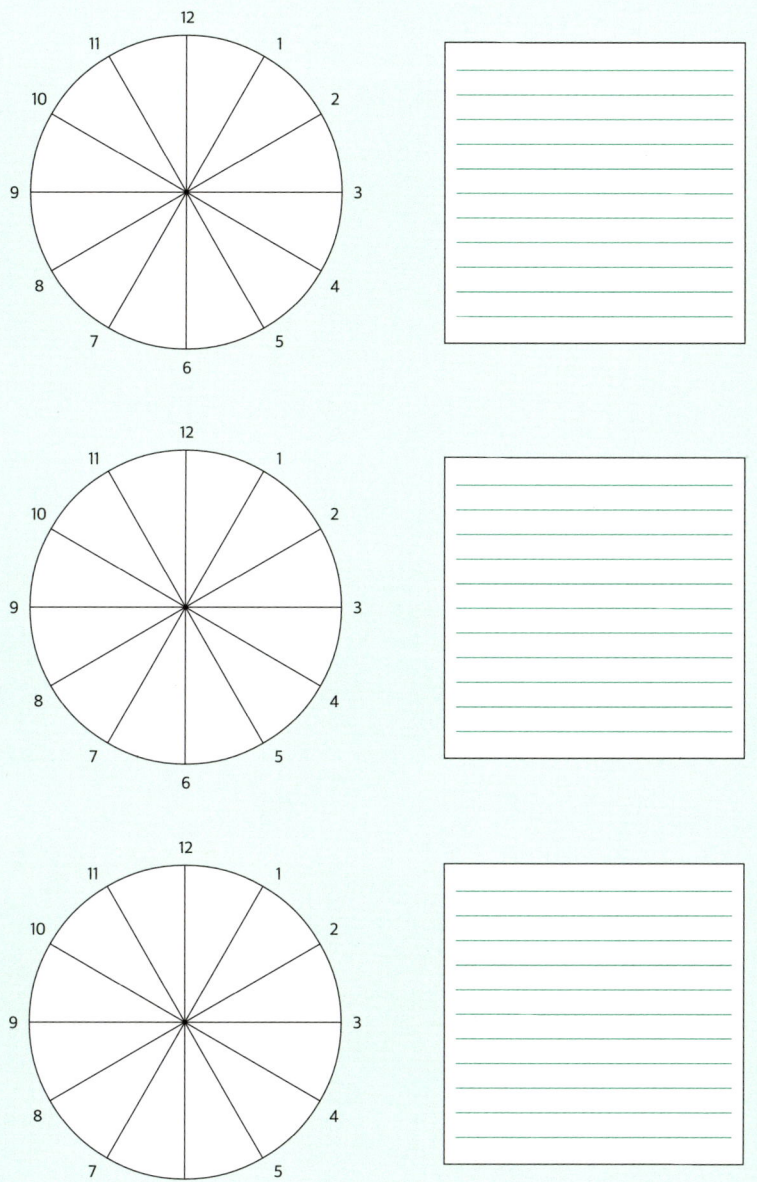

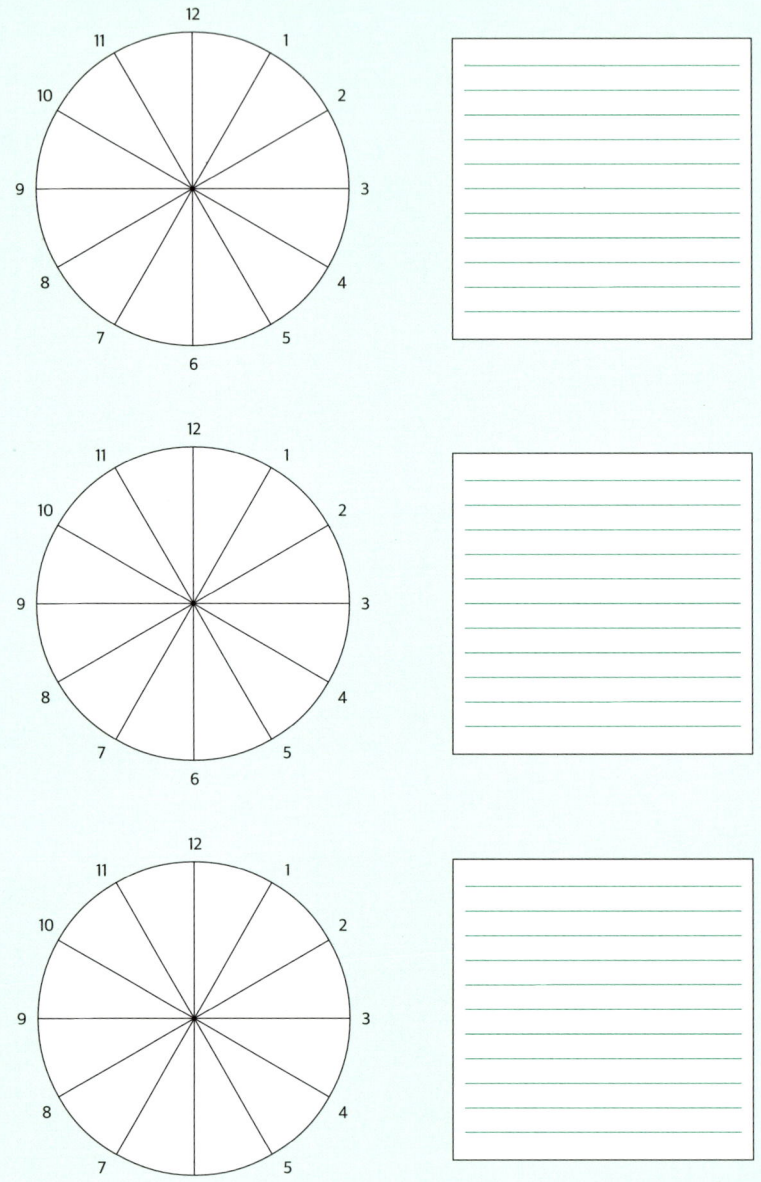

부록 감정시계 1달 연습지

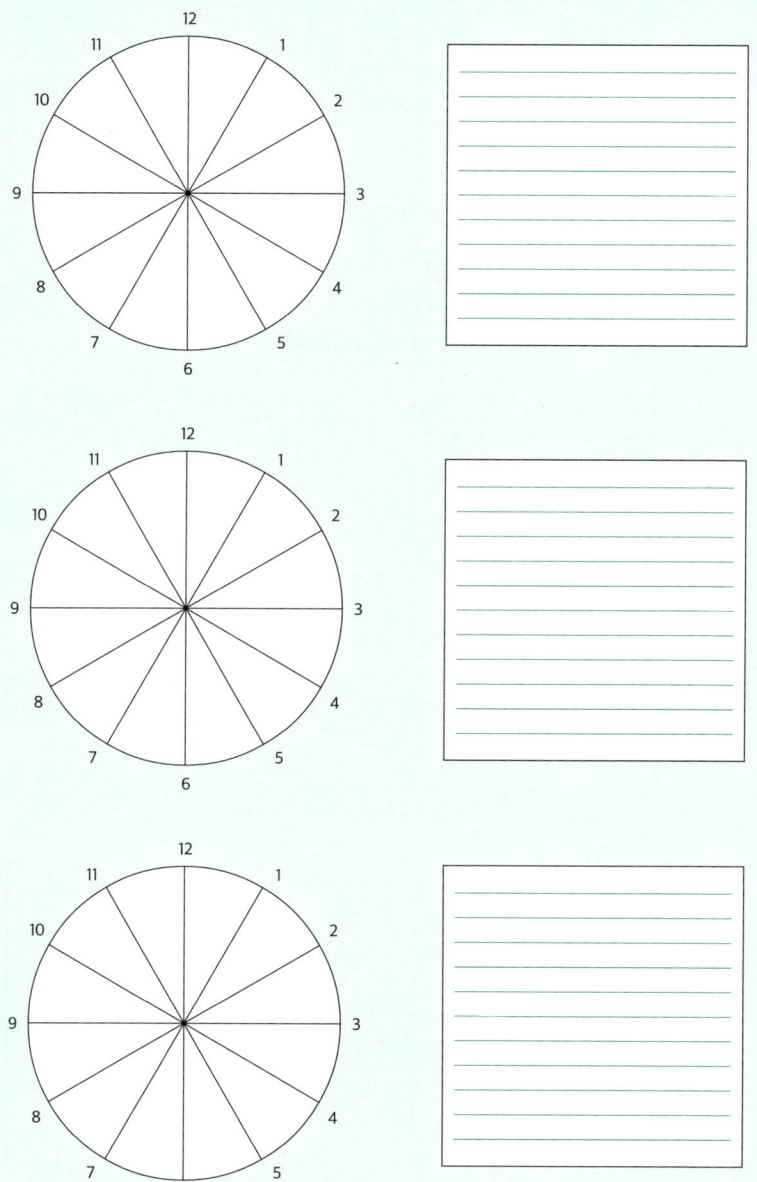

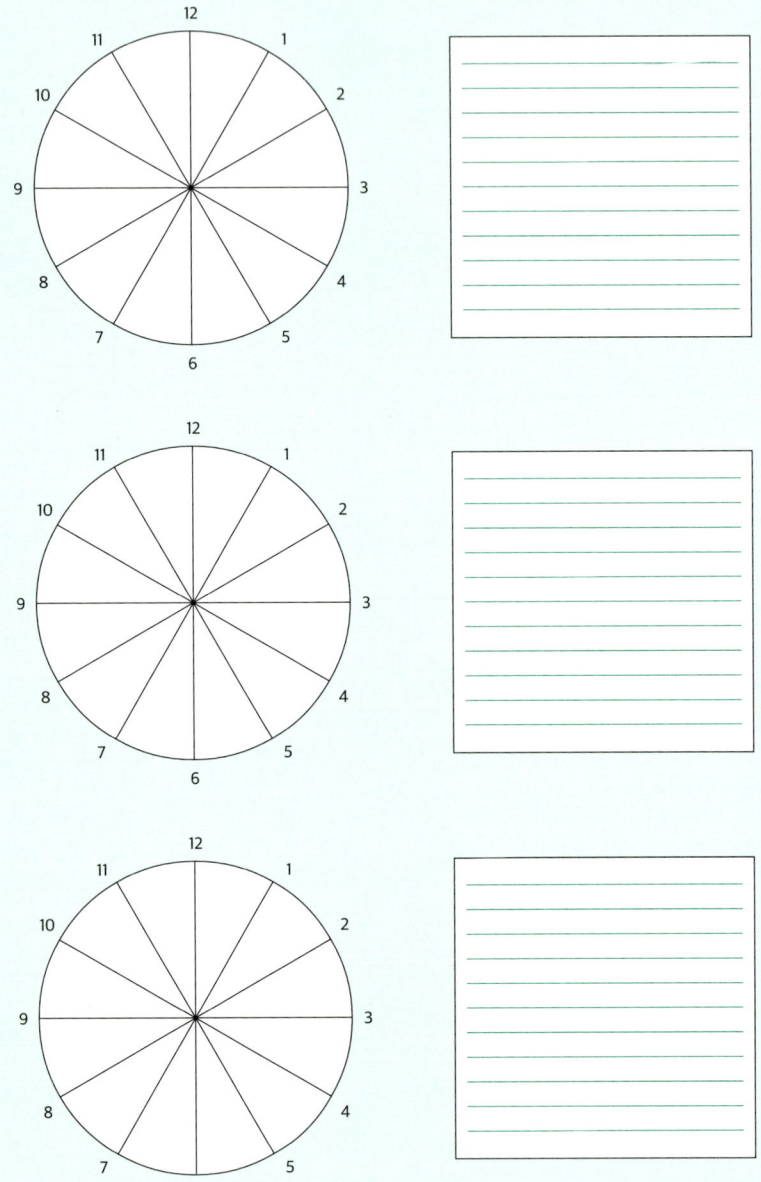

부록 감정시계 1달 연습지

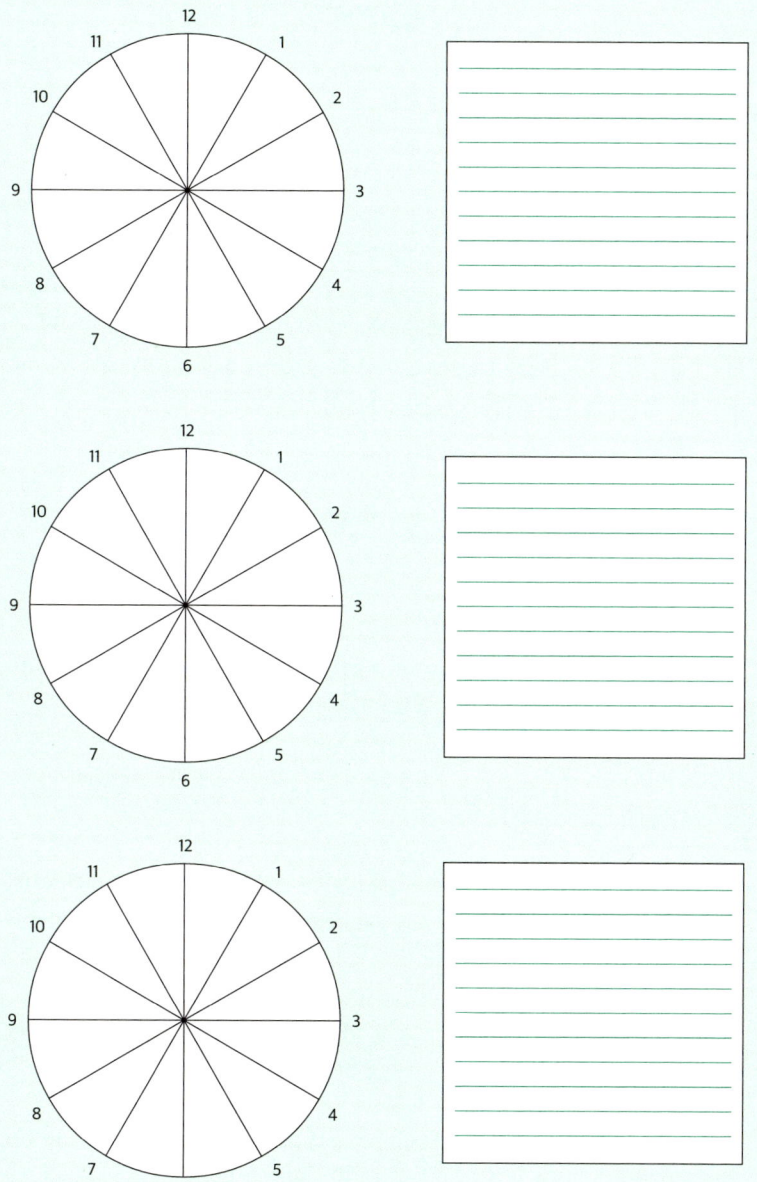

참고문헌

Albert, K., Pruessner, J., & Newhouse, P. (2015). Estradiol levels modulate brain activity and negative responses to psychosocial stress across the menstrual cycle. *Psychoneuroendocrinology*, 59, 14-24.

Awad, S., Debatin, T., & Ziegler, A. (2021). Embodiment: I sat, I felt, I performed-Posture effects on mood and cognitive performance. *Acta Psychologica*, 218, 103353.

Barrett, L. F., & Satpute, A. B. (2013). Large-scale brain networks in affective and social neuroscience: towards an integrative functional architecture of the brain. *Current Opinion in Neurobiology*, 23(3), 361-372.

Barsalou, L. W. (2008). Grounded cognition. *Annual Review of Psychology*, 59(1), 617-645.

Bekoff, M. (2024). The emotional lives of animals: A leading scientist explores animal joy, sorrow, and empathy—and why they matter. *New World Library*.

Blume, C., Garbazza, C., & Spitschan, M. (2019). Effects of light on human circadian rhythms, sleep and mood. *Somnology*, 23(3), 147-156.

Bucci, M. P., Stordeur, C., Acquaviva, E., Peyre, H., & Delorme, R. (2016). Postural instability in children with ADHD is improved by methylphenidate. *Frontiers in Neuroscience*, 10, 163.

Cacioppo, J. T., Cacioppo, S., & Boomsma, D. I. (2014). Evolutionary mechanisms for loneliness. *Cognition & Emotion*, 28(1), 3-21.

Cajochen, C., Kräuchi, K., & Wirz-Justice, A. (2003). Role of melatonin in the regulation of human circadian rhythms and sleep. *Journal of Neuroendocrinology*, 15(4), 432-437.

Choi, S. H., An, S. C., Lee, U. S., Yun, J. Y., Jang, J. H., & Kang, D. H. (2018). InDepth Relationships between Emotional Intelligence and Personality Traits in Meditation Practitioners. *Clinical Psychopharmacology & Neuroscience*, 16(4), 391.

Colloca, L., & Finniss, D. (2012). Nocebo effects, patient-clinician communication, and therapeutic outcomes. *JAMA*, 307(6), 567-568.

Craig, A. D. (2009). How do you feel—now? The anterior insula and human awareness. *Nature Reviews Neuroscience*, 10(1), 59-70.

Critchley, H. D., & Garfinkel, S. N. (2017). Interoception and emotion. *Current Opinion in Psychology*, 17, 7-14.

Critchley, H. D., & Harrison, N. A. (2013). Visceral influences on brain and behavior. *Neuron*, 77(4), 624-638.

Crucianelli, L., & Ehrsson, H. H. (2023). The Role of the Skin in Interoception: A Neglected Organ?. *Perspectives on Psychological Science*, 18(1), 224-238.

Cservenka, A., Stroup, M. L., Etkin, A., & Nagel, B. J. (2015). The effects of age, sex, and hormones on emotional conflict-related brain response during adolescence. *Brain and Cognition*, 99, 135-150.

Field, T. (2010). Touch for socioemotional and physical well-being: A review. *Developmental Review*, 30(4), 367-383.

Hill, P. L., Olaru, G., & Allemand, M. (2023). Do associations between sense of purpose, social support, and loneliness differ across the adult lifespan?. *Psychology and Aging*, 38(4), 345.

Hobson, J. A. (2009). REM sleep and dreaming: towards a theory of protoconsciousness. *Nature Reviews Neuroscience*, 10(11), 803-813.

Howland, R. H. (2014). Vagus nerve stimulation. *Current Behavioral Neuroscience Reports*, 1(2), 64-73.

Jang, J. H., Jung, W. H., Kang, D. H., Byun, M. S., Kwon, S. J., Choi, C. H., & Kwon, J. S. (2011). Increased default mode network connectivity associated with meditation. *Neuroscience Letters*, 487(3), 358-362.

Jang, J. H., Kim, J. H., Yun, J. Y., Choi, S. H., An, S. C., & Kang, D. H. (2018). Differences in Functional Connectivity of the Insula Between Brain Wave Vibration in Meditators and Non-meditators. *Mindfulness*, 1-10.

Jang, J. H., Kim, J. H., Yun, J. Y., Choi, S. H., An, S. C., & Kang, D. H. (2018). Differences in Functional Connectivity of the Insula Between Brain Wave Vibration in Meditators and Non-meditators. *Mindfulness*, 9(6), 1857-1866.

Jang, J. H., Park, H. Y., Lee, U. I., Lee, K. J., & Kang, D. H. (2017). Effects of Mind-Body Training on Cytokines and Their Interactions with Catecholamines. *Psychiatry Investigation*, 14(4), 483-490.

Jeon, S. Y., Seo, S., Lee, J. S., Choi, S. H., Lee, D. H., Jung, Y. H., Song, M. K.,

Lee, K. J., Kim, Y. C., Kwon, H. W., Im, H. J., Lee, D. S., Cheon, G. J., & Kang, D. H. (2017). [11C]-(R)-PK11195 positron emission tomography in patients with complex regional pain syndrome: A pilot study. *Medicine*, 96(1), e5735.

Johansson, P., Hall, L., Sikström, S., & Olsson, A. (2005). Failure to detect mismatches between intention and outcome in a simple decision task. *Science*, 310(5745), 116-119.

Jung, Y. H., Choi, S. H., Kim, J. H., Lee, W. J., Jang, J. H., Moon, J. Y., Kim, Y. C., & Kang, D. H. (2019).Microstructural Abnormalities of the Secondary Motor Area Coordinating Sensory and Motor Functions in Patients with Complex Regional Pain Syndrome. *Neuropsychiatry*, 9(4), 2419-2427.

Jung, Y. H., Ha, T. M., Oh, C. Y., Lee, U. S., Jang, J. H., Kim, J., Park, J. O., & Kang, D. H. (2016). The effects of an online mind-body training program on stress, coping strategies, emotional intelligence, resilience and psychological state. *PLoS One*, 11(8), e0159841.

Jung, Y. H., Kang, D. H., Byun, M. S., Shim, G., Kwon, S. J., Jang, G. E., Lee, U. S., An, S. C., Jang, J. H., & Kwon, J. S. (2012). Influence of brain-derived neurotrophic factor and catechol O-methyl transferase polymorphisms on effects of meditation on plasma catecholamines and stress. *Stress*, 15(1), 97-104.

Jung, Y. H., Kim, H., Jeon, S. Y., Kwon, J. M., Kim, Y. C., Lee, W. J., Lee, D., Lee, J. Y., Moon, J. Y., & Kang, D. H. (2019).Neurometabolite changes in patients with complex regional pain syndrome using magnetic resonance spectroscopy: a pilot study. *NeuroReport*, 30(2), 108-112.

Jung, Y. H., Kim, H., Jeon, S. Y., Kwon, J. M., Lee, D., Choi, S. H., & Kang, D. H. (2018). Aberrant interactions of peripheral measures and neurometabolites with lipids in complex regional pain syndrome using magnetic resonance spectroscopy: A pilot study. *Molecular Pain*, 14, 1744806917751323.

Jung, Y. H., Kim, H., Jeon, S. Y., Kwon, J. M., Lee, W. J., Jang, J. H., Lee, D., Lee, Y., & Kang, D. H. (2018). Peripheral and Central Metabolites Affecting Depression, Anxiety, Suicidal Ideation, and Anger in Complex Regional Pain Syndrome Patients Using a Magnetic Resonance Spectroscopy: A Pilot Study. *Psychiatry Investigation*, 15(9), 891.

Jung, Y. H., Kim, H., Jeon, S. Y., Kwon, J. M., Lee, W. J., Kim, Y. C., Jang, J. H., Choi, S. H., Lee, J. Y., & Kang, D. H. (2018). Brain Metabolites and Peripheral Biomarkers Associated with Neuroinflammation in Complex Regional Pain Syndrome Using [11C]-(R)-PK11195 Positron Emission Tomography and Magnetic Resonance Spectroscopy: A Pilot Study. *Pain Medicine*, 20(3), 504-514.

Jung, Y. H., Kim, H., Lee, D., Lee, J. Y., Lee, W. J., Moon, J. Y., Kim, Y. C., Choi, S. H., & Kang, D. H. (2019).Disruption of Homeostasis Based on the Right and Left Hemisphere in Patients with Complex Regional Pain Syndrome. *Neuroimmunomodulation*, 26(6), 276-284.

Jung, Y. H., Lee, U. S., Jang, J. H., & Kang, D. H. (2016). Effects of mind-body training on personality and behavioral activation and inhibition system according to BDNF Val66Met polymorphism. *Psychiatry Investigation*, 13(3), 333.

Jung, Y. H., Lee, W. J., Lee, D., Lee, J. Y., Moon, J. Y., Kim, Y. C., Choi, S. H., & Kang, D. H. (2019).Commonalities and differences in abnormal peripheral metabolites between patients with fibromyalgia and complex regional pain syndrome. *International Journal of Neuroscience*, 130(7), 653-661.

Kang, D. H., Jo, H. J., Jung, W. H., Kim, S. H., Jung, Y. H., Choi, C. H., Lee, U. S., An, S. C., Jang, J. H., & Kwon, J. S. (2013). The effect of meditation on brain structure: cortical thickness mapping and diffusion tensor imaging. *Social Cognitive and Affective Neuroscience*, 8(1), 27-33.

Kang, D. H., Jung, Y. H., Park, S. Y., Shin, N. Y., Byun, M. S., & Kim, Y. C. (2010). The impairment of vocabulary ability in complex regional pain syndrome patients. *International Journal of Pain*, 1(1), 8-14.

Kang, D. H., Son, J. H., & Kim, Y. C. (2010). Neuroimaging studies of chronic pain. *The Korean Journal of Pain*, 23(3), 159-165.

Kaptchuk, T. J., & Miller, F. G. (2015). Placebo effects in medicine. *New England Journal of Medicine*, 373(1), 8-9.

Kim, J. H., Choi, S. H., Jang, J. H., Lee, D. H., Lee, K. J., Lee, W. J., Moon, J. Y., Kim, Y. C., & Kang, D. H. (2017). Impaired insula functional connectivity associated with persistent pain perception in patients with complex regional pain syndrome. *PLoS One*, 12(7), e0180479.

KOSIS 100대 지표. 비만율. (https://kosis.kr/visual/nsportalStats/detailContents.do?statJipyoId=3671&listId=D&vStatJipyoId=5103)

Kral, T. R. A., Lapate, R. C., Imhoff-Smith, T., Patsenko, E., Grupe, D. W., Goldman, R., Rosenkranz, M. A., & Davidson, R. J. (2022). Long-term Meditation Training Is Associated with Enhanced Subjective Attention and Stronger Posterior Cingulate-Rostrolateral Prefrontal Cortex Resting Connectivity. *Journal of Cognitive Neuroscience*, 34(9), 1576–1589.

Lake, J. I. (2016). Recent advances in understanding emotion-driven temporal distortions. *Current Opinion in Behavioral Sciences*, 8, 214-219.

Lee, D., & Kang, D. H. (2020).Top-down predictive impairment may play a potential role in social cognition in patients with CRPS. *Annals of Palliative Medicine*, 9(6), 4403407-4404407.

Lee, D., Kang, D. H., Ha, N. H., Oh, C. Y., Lee, U., & Kang, S. W. (2018). Effects of an Online Mind-Body Training Program on the Default Mode Network: An EEG Functional Connectivity Study. *Scientific Reports*, 8(1), 16935.

Lee, D. H., Lee, K. J., Cho, K. I. K., Noh, E. C., Jang, J. H., Kim, Y. C., & Kang, D. H. (2015). Brain alterations and neurocognitive dysfunction in patients with complex regional pain syndrome. *The Journal of Pain*, 16(6), 580-586.

Lee, D. H., Noh, E. C., Kim, Y. C., Hwang, J. Y., Kim, S. N., Jang, J. H., Byun, M. S., & Kang, D. H. (2013). Risk factors for suicidal ideation among patients with complex regional pain syndrome. *Psychiatry Investigation*, 11(1), 32-38.

Lee, D. H., Park, H. Y., Lee, U. S., Lee, K. J., Noh, E. C., Jang, J. H., & Kang, D. H. (2015). The effects of brain wave vibration on oxidative stress response and psychological symptoms. *Comprehensive Psychiatry*, 60, 99-104.

Lee, J. Y., Choi, S. H., Park, K. S., Choi, Y. B., Jung, H. K., Lee, D., Jang, J. H., Moon, J. Y., & Kang, D. H. (2019).Comparison of complex regional pain syndrome and fibromyalgia: Differences in beta and gamma bands on quantitative electroencephalography. *Medicine*, 98(7), e14452.

Lee, S. H., Hwang, S. M., Kang, D. H., & Yang, H. J. (2019).Brain education based meditation for patients with hypertension and/or type 2 diabetes: A pilot randomized controlled trial. *Medicine*, 98(19), e15574.

Lee, W. J., Choi, S. H., Jang, J. H., Moon, J. Y., Kim, Y. C., Noh, E., Shin, J. E., Shin, H., & Kang, D. H. (2017). Different patterns in mental rotation of facial expressions in complex regional pain syndrome patients. *Medicine*, 96(39), e7990.

Lee, W. J., Choi, S. H., Shin, J. E., Oh, C. Y., Ha, N. H., Lee, U. S., Lee, Y. I., Choi, Y., Lee, S., Jang, J. H., Hong, Y. C., & Kang, D. H. (2018). Effects of an online imagery-based treatment program in patients with workplace-related posttraumatic stress disorder: a pilot study. *Psychiatry Investigation*, 15(11), 1071.

Lee, W. J., Jung, C. H., Hwang, J. Y., Seong, S. J., Han, C. H., Park, J. W., Jang, J. H., Lee, D., & Kang, D. H. (2019).Prognostic Factors in Complex Regional Pain Syndrome Type 1 Occurring in the Korean Army. *Pain Medicine*, 20(10), 1989-1996.

Li, Y., Hao, Y., Fan, F., & Zhang, B. (2018). The Role of Microbiome in Insomnia, Circadian Disturbance and Depression. *Frontiers in Psychiatry*, 9, 669.

Lieberman, M. D. (2007). Social cognitive neuroscience: a review of core processes. *Annual Review of Psychology*, 58, 259-289.

Lim, J. A., Choi, S. H., Lee, W. J., Jang, J. H., Moon, J. Y., Kim, Y. C., & Kang, D. H. (2018). Cognitive-behavioral therapy for patients with chronic pain: Implications of gender differences in empathy. *Medicine*, 97(23), e10867.

Margolis, K. G., Cryan, J. F., & Mayer, E. A. (2021). The Microbiota-Gut-Brain Axis: From Motility to Mood. *Gastroenterology*, 160(5), 1486-1501.

Mather, M., & Thayer, J. (2018). How heart rate variability affects emotion regulation brain networks. *Current Opinion in Behavioral Sciences*, 19, 98-104.

Matthews, T., Rasmussen, L. J. H., Ambler, A., Danese, A., Eugen-Olsen, J., Fancourt, D., Fisher, H. L., Iversen, K. K., Schultz, M., Sugden, K., Williams, B., Caspi, A., & Moffitt, T. E. (2024). Social isolation, loneliness, and inflammation: A multi-cohort investigation in early and mid-adulthood. *Brain, Behavior, and Immunity*, 115, 727-736.

Mayer, E. A., Knight, R., Mazmanian, S. K., Cryan, J. F., & Tillisch, K. (2014). Gut microbes and the brain: paradigm shift in neuroscience. *The Journal of Neuroscience*, 34(46), 15490-15496.

McGlone, F., Wessberg, J., & Olausson, H. (2014). Discriminative and affective touch: sensing and feeling. *Neuron*, 82(4), 737-755.

McHenry, J., Carrier, N., Hull, E., & Kabbaj, M. (2014). Sex differences in anxiety and depression: role of testosterone. *Frontiers in Neuroendocrinology*, 35(1), 42-57.

Mella, N., Bourgeois, A., Perren, F., Viaccoz, A., Kliegel, M., & Picard, F. (2019). Does the insula contribute to emotion-related distortion of time? A neuropsychological approach. *Human Brain Mapping*, 40(5), 1470-1479.

Menninger, K. (1938). Man Against Himself. *Harcourt, Brace and Company*.

Montag, C., & Panksepp, J. (2017). Primary emotional systems and personality: an evolutionary perspective. *Frontiers in Psychology*, 8, 464.

Naguy, A., Elbadry, H., & Salem, H. (2020). Suicide: a précis!. *Journal of Family Medicine and Primary Care*, 9(8), 4009-4015.

Nair, S., Sagar, M., Sollers III, J., Consedine, N., & Broadbent, E. (2015). Do slumped and upright postures affect stress responses? A randomized trial. *Health Psychology*, 34(6), 632.

Noë, A. (2009). Out of our heads: Why you are not your brain, and other lessons from the biology of consciousness. *Macmillan*.

Oh, H. S. H., Rutledge, J., Nachun, D., Pálovics, R., Abiose, O., MoranLosada, P., ... & Wyss-Coray, T. (2023). Organ aging signatures in the plasma proteome track health and disease. *Nature*, 624(7990), 164-172.

Paulhus, D. L., & Williams, K. M. (2002). The dark triad of personality: Narcissism, Machiavellianism, and psychopathy. *Journal of Research in Personality*, 36(6), 556-563.

Phelps, E. A. (2004). Human emotion and memory: interactions of the amygdala and hippocampal complex. *Current Opinion in Neurobiology*, 14(2), 198-202.

Phelps, E. A., & LeDoux, J. E. (2005). Contributions of the amygdala to emotion processing: from animal models to human behavior. *Neuron*, 48(2), 175-187.

Pinna, T., & Edwards, D. J. (2020). A Systematic Review of Associations Between Interoception, Vagal Tone, and Emotional Regulation: Potential Applications for Mental Health, Wellbeing, Psychological Flexibility, and Chronic Conditions. *Frontiers in Psychology*, 11, 1792.

Purves, D. (2019). Brains as engines of association: An operating principle for nervous systems. *Oxford University Press*.

Radwan, B., Liu, H., & Chaudhury, D. (2019). The role of dopamine in mood disorders and the associated changes in circadian rhythms and sleep-wake cycle. *Brain Research*, 1713, 42-51.

Rufin, J. C. (2013). Immortelle randonnée: Compostelle malgré moi. *Éditions

Guérin.

Schuster, B. A., Sowden, S., Rybicki, A. J., Fraser, D. S., Press, C., Holland, P., & Cook, J. L. (2022). Dopaminergic Modulation of Dynamic Emotion Perception. *The Journal of Neuroscience*, 42(21), 4394-4400.

Shaffer, F., & Jay, P. G. (2017). An overview of heart rate variability metrics and norms. *Frontiers in Public Health*, 5, 258.

Shin, N. Y., Kang, D. H., Jang, J. H., Park, S. Y., Hwang, J. Y., Kim, S. N., Byun, M. S., Park, H. Y., & Kim, Y. C. (2013). Impaired recognition of social emotion in patients with complex regional pain syndrome. *The Journal of Pain*, 14(11), 1304-1309.

Smith, K. J., Gavey, S., Riddell, N. E., Kontari, P., & Victor, C. (2020). The association between loneliness, social isolation and inflammation: A systematic review and meta-analysis. *Neuroscience and Biobehavioral Reviews*, 112, 519-541.

Socała, K., Doboszewska, U., Szopa, A., Serefko, A., Włodarczyk, M., Zieli ska, A., Poleszak, E., Fichna, J., & Wla , P. (2021). The role of microbiota-gut-brain axis in neuropsychiatric and neurological disorders. *Pharmacological Research*, 172, 105840.

Sohn, H. S., Lee, D. H., Lee, K. J., Noh, E. C., Choi, S. H., Jang, J. H., Kim, Y. C., & Kang, D. H. (2015). Impaired empathic abilities among patients with complex regional pain syndrome (Type I). *Psychiatry Investigation*, 13(1), 34-42.

Song, M. K., Choi, S. H., Lee, D. H., Lee, K. J., Lee, W. J., & Kang, D. H. (2018). Effects of Cognitive-Behavioral Therapy on Empathy in Patients with

Chronic Pain. *Psychiatry Investigation*, 15(3), 285.

Tang, Y. Y., Hölzel, B. K., & Posner, M. I. (2015). The neuroscience of mindfulness meditation. *Nature Reviews Neuroscience*, 16(4), 213-225.

Treasure, J., Duarte, T. A., & Schmidt, U. (2020). Eating Disorders. *The Lancet*, 395(10227), 899-911.

Van der Helm, E., & Walker, M. P. (2011). Sleep and emotional memory processing. *Sleep Medicine Clinics*, 6(1), 31.

Venkatraman, A., Edlow, B. L., & Immordino-Yang, M. H. (2017). The Brainstem in Emotion: A Review. *Frontiers in Neuroanatomy*, 11, 15.

Vuilleumier, P. (2005). How brains beware: neural mechanisms of emotional attention. *Trends in Cognitive Sciences*, 9(12), 585-594.

Wilkes, C., Kydd, R., Sagar, M., & Broadbent, E. (2017). Upright posture improves affect and fatigue in people with depressive symptoms. *Journal of Behavior Therapy and Experimental Psychiatry*, 54, 143-149.

World Health Organization. (2024). WHO COVID-19 Dashboard. (https://data.who.int/dashboards/covid19/data?n=c)

Wulff, K., Gatti, S., Wettstein, J. G., & Foster, R. G. (2010). Sleep and circadian rhythm disruption in psychiatric and neurodegenerative disease. *Nature Reviews Neuroscience*, 11(8), 589-599.

Zaehringer, J., Jennen-Steinmetz, C., Schmahl, C., Ende, G., & Paret, C. (2020). Psychophysiological effects of downregulating negative emotions: Insights from a meta-analysis of healthy adults. *Frontiers in Psychology*, 11, 470.

서울시정신건강통계. (2023). 5개년(2013~2017) 전국 자살사망 분석 결과보고서. (https://seoulmentalhealth.kr/library/paper-collections/427)

https://www.academia.edu/83315774/Erickson_Theory_of_Psychosocial_Development

https://archive.org/details/essays-and-aphorisms-schopenhauer-arthur-1788-1860

https://www.bodywavechiro.com/the-connection-between-posture-adhd-and-kids-a-comprehensive-guide

https://www.bookey.app/book/the-emotional-lives-of-animals/quote

https://cbhenergetics.com/the-heart-in-traditional-chinese-medicine-2

https://www.colorado.edu/asmagazine-archive/node/1837

https://data.who.int/dashboards/covid19/data?n=c

https://www.dhammawheel.com/viewtopic.php?t=28991

https://www.forbes.com/sites/traversmark/2024/09/24/3-unexpected-benefits-of-good-posture-on-mental-health-by-a-psychologist

https://www.gutenberg.org/ebooks/11945

https://www.gutenberg.org/ebooks/6157

https://harvardmagazine.com/2012/12/the-placebo-phenomenon

https://kosis.kr/visual/nsportalStats/detailContents.do?statJipyoId=3671&listId=D&vStatJipyoId=5103

https://m.health.chosun.com/svc/news_view.html?contid=2021021501440

참고문헌

https://med.stanford.edu/news/all-news/2023/12/aging-organs.html

https://www.nature.com/articles/s41586-023-06802-1

https://pmc.ncbi.nlm.nih.gov/articles/PMC3855545

https://pmc.ncbi.nlm.nih.gov/articles/PMC4854903

https://pmc.ncbi.nlm.nih.gov/articles/PMC7586562

https://pubmed.ncbi.nlm.nih.gov/25222091

https://pubmed.ncbi.nlm.nih.gov/36951694

https://pubmed.ncbi.nlm.nih.gov/37992788

https://sanlab.psych.ucla.edu/wp-content/uploads/sites/31/2016/03/Dutton-Aron-1974-arousal.pdf

https://science.org/doi/10.1126/science.1111709

https://www.sciencedirect.com/science/article/pii/S0001691821001037?via%3Dihub

https://seoulmentalhealth.kr/library/paper-collections/427

https://www2.psych.ubc.ca/~dpaulhus/research/OCT/ARTICLES%20&%20CHAPTERS/JRP%202002%20Paulhus-Williams.pdf

감정시계

2025년 10월 29일 초판 1쇄 | 2025년 11월 26일 5쇄 발행

지은이 강도형
펴낸이 이원주

책임편집 김유경, 강동욱　**디자인** 윤민지
기획개발실 강소라, 박인애, 류지혜, 고정용, 이채은, 최연서
마케팅실 양근모, 권금숙, 양봉호　**온라인홍보팀** 신하은, 현나래, 최혜빈
디자인실 진미나, 정은예　**디지털콘텐츠팀** 최은정　**해외기획팀** 우정민, 배혜림, 정혜인
경영지원실 강신우, 김현우, 이윤재　**제작실** 이진영
펴낸곳 (주)쌤앤파커스　**출판신고** 2006년 9월 25일 제406-2006-000210호
주소 서울시 마포구 월드컵북로 396 누리꿈스퀘어 비즈니스타워 18층
전화 02-6712-9800　**팩스** 02-6712-9810　**이메일** info@smpk.kr

ⓒ 강도형(저작권자와 맺은 특약에 따라 검인을 생략합니다)
ISBN 979-11-94755-72-2 (03180)

- 이 책은 저작권법에 따라 보호받는 저작물이므로 무단전재와 무단복제를 금지하며, 이 책 내용의 전부 또는 일부를 이용하려면 반드시 저작권자와 (주)쌤앤파커스의 서면동의를 받아야 합니다.
- 잘못된 책은 구입하신 서점에서 바꿔드립니다.
- 책값은 뒤표지에 있습니다.

쌤앤파커스(Sam&Parkers)는 독자 여러분의 책에 관한 아이디어와 원고 투고를 설레는 마음으로 기다리고 있습니다. 책으로 엮기를 원하는 아이디어가 있으신 분은 이메일 book@smpk.kr로 간단한 개요와 취지, 연락처 등을 보내주세요. 머뭇거리지 말고 문을 두드리세요. 길이 열립니다.